博報堂で
学んだ
負けない
プレゼン

3ステップで
「刺さる」プレゼンができる!

マーケティングプランナー
須藤 亮

ダイヤモンド社

序文

あの日、なぜ博報堂は電通に負けたのか

「久々の完敗だったなあ」

201×年×月×日、T自動車と中国のK自動車の合弁会社から、中国における新車導入プレゼンの結果の通知を受けた。

このプレゼンは、例によって電通との一騎打ちであったが、今回は一抹の不安を感じていたのも事実だ。

なぜなら、電通は主力車種であるこのモデルをほぼ全世界で担当しており、キャンペーン経験など十分なノウハウを持っていたからだ。

「向こうはハリウッドの有名映画監督から、董事長宛ての直々のお手紙を用意してきたようです」

「お手紙？　何のお手紙？」

「〝新車導入のムービーをぜひ私に作らせてください。一緒にお仕事をしたい〟と書いてあったようです。さすが電通ですね。これなら負けても仕方ありませんよ」

我が方の営業責任者からのなぐさめの言葉を受け、一瞬「そうか、それなら仕方ないな」と思ったものの、「いや待てよ、敗因はそれではないな」とすぐ思い返した。

実はプレゼン前夜、全体のランスルー（予行演習のこと）の時間が遅れ、ようやく始まったのは深夜の1時だった。

それによって、いろいろなアラが発見され、その調整に朝までかかり、ほぼ一睡もしない状態でプレゼン当日を迎えた。

コンディションが万全でないことはともかくとして、私の懸念は別なところにもあった。

プレゼン全体を見渡すと、前半の戦略と後半の施策の部分の整合性が微妙に取れていない。

「地下鉄演習」もしていない。

結果として、「言いたいことが絞られていない」「何を言いたいのか伝わらない」プレゼンになってしまったかもと内心思っていたのだ。

後日、T自動車関係者から、「博報堂さんもいいプレゼンだったけどね。電通さんの方が一枚上手だった」と言われたとき、咄嗟に思ったのは、

「いいプレゼンではだめなのだ。相手の心に刺さるプレゼンでないと……」

ということだった。

その夜は独り飲み、同じ失敗は二度としないと誓った。

はじめに

この本で伝えたいことは、実は高度なことでも、今までになかったことでもありません。

むしろ、「そんなことか」とか「な～んだ、その程度のことか」と思われることもあると思います。

でも、私はプレゼンを何回も重ねるうちに気づいたのです。〝これ〟が一番大切なんだと。

「プレゼン」って要はこういうこと！

はじめに答えを言います。

よく友達どうしの気の置けない会話で、「○○で悩んでるんだけど、どう思う？」と聞かれたときに、少し考えて、「僕だったらこうするかも……」あるいは「こうしたらいいんじゃない？」と言いますよね。

そのとき、人は何をやっているのかというと、最初は親身に相手の話を聞いています。

それは言い変えれば、相手の立場に立って考えているということです。

そして、少し考えて、「僕だったら……」と言うのは、今度は自分の立場に置きかえてみて、そのとき頭に浮かんだことを、さりげなくお薦めしてあげるという行為なんです。

プレゼンって、まさにこういうことです。

相手の立場で考えて、自分なりの答えを出して、それを相手にお薦めしてあげる。

でも、世の中のプレゼンは、このような優しい組み立てになっていないというか、血の通っていないことが多いです。

往々にして、「今、御社を取り巻く市場環境は……」とか「できる企業はこうやってます！」とか、仰々しい言い方になっていたり、また、プレゼンする側にあまりに関係者が多いがゆえに、自分たちの考えを絞り込んで導き出した結論というよりは、八方美人型の結論や付け焼き刃的な一般論で、バラバラと提案を出すタイプのプレゼンが圧倒的に多いのです。

つまり、何を置き忘れているかというと、自分で考え抜いて回答を出し、自分の言葉にしてプレゼンするというシンプルな行為なのです。

プレゼンは、**相手の立場に立って、相手の悩みに対して自分なりに考えた答えを相手に伝えること。**まずは、この基本からブレないことが大切です。

トヨタの人は「腹落ち」という言葉をよく使う

この本では、

①相手の立場に立つとはどういうことをすればいいのか

②プレゼン企画書に、本当に〝腹落ち〟した自分の考えを吹き込むにはどうすればいいのか

③プレゼンを自分の言葉でするとはどういうことか

を私の経験を通して解説していきます。

また、それを相手に伝わりやすくするための演出技法についてもシンプルにまとめてい

ます。

「腹落ち」というのは、私が得意先としてお付き合いしているトヨタ自動車の人がよく使う言葉です。

どういう意味かというと、「自分自身で心底納得するほど考えたのか」、「その考えは本当に自分のものになっているのか」ということです。

トヨタのいろいろな人と話していても、多くの人が「腹落ち」することの大切さを理解しています。自分で考え、本当に納得しているかを自問するという文化が根付いているのです。

私はそれがトヨタの強さの秘密の一つだと感じています。

そして、プレゼンに必要なのも、この自分で考え抜いて、心の底から納得する「腹落ち」感です。**心から思っていることでなければ、自信を持って伝えられないからです。**

プレゼン力は誰でも鍛えられる！

こうしたプレゼンの基本がわかれば、**かっこいいパフォーマンスやカリスマ性はそんなに重要じゃない**ということもわかると思います。

優れたプレゼン作りやプレゼンター（発表者）に特別な才能はいりません。

プレゼン力は、誰でも鍛えることができます。

私も今では大きな案件を勝ち取ることができるようになりましたが、もともとはダメダメで、プレゼンを苦手としていました。

それでも何度もプレゼンするうちに、節目節目で学び、覚醒していきました。

どうすれば人は説得されやすいかとか、ライバルを徹底的に研究したり、時には自信過剰になって失敗して落ち込んだり、多くの人の薫陶を受けたりしました。

そして、会社の大事な命運を託されるようなプレゼンターになることができたのです。

少々時間がかかり過ぎましたけど(笑)。

でも、数々のプレゼンを通じて、要所要所で、「あっ、一皮むけたな」と感じる瞬間がありました。

そのポイントをみなさんに知ってもらい、そして真似してみてほしい。

私は時間がかかりましたが、みなさんには効率よく学んでいただき、どんどん腕を磨いていってほしいと思います。

プレゼン上手はトクをする！

プレゼンにもいろいろなスケールや種類がありますよね。

社運を賭けるような大きなプレゼンでなくても、ちょっとしたプレゼン、社内プレゼン、どんな些細なプレゼンにも本書のノウハウは使えます。この一冊があればOKです。

また、あなたの持っている基本能力でできることしか書いていませんので、やってみていただければ簡単にできるはずです。

本書を片手に、どんなに小さいプレゼンでも積極的に手を挙げて、たくさん挑戦してほしいと思います。

実はプレゼン上手はトクをします。

相手の心に刺さるプレゼンができると、**「頭がいいし、やる気がある人」**と見られます。「頭がいい」という評価は、複雑な与件や事象をちゃんと整理できる人だと思われるからでしょう。

でも、「やる気がある」と見られるのはなぜでしょう。

プレゼンというのは、ある種の提案です。説得される方は、相手の提案の中身だけでなく、伝える姿に情熱を感じるからこそ、その意気に答えるべく、「よし、その案でいこう！」という結論を出すのです。

つまり、中身はもちろん熱意が伝わるプレゼンが大事で、**その熱意が、プレゼンターをやる気がある人に見せ、「仕事を任せられそうだ」となり、実際にいい仕事が来るようになって周りの評価も上がるのです。**

プレゼンで人生が変わった

実際、私もプレゼン力を磨いたことで、人生のいろんな局面でプラスに働いたなと感じます。

プレゼンは、それによって物事が決まり、動き出すケースが多いので、それを決めた人、つまり、プレゼンターは評価されます。必ず周囲や社内での信頼が増します。

もちろん、自分自身も成長できます。難しい案件、複雑な与件を整理し、解決案を出し、前に進めようとするのですから、一生懸命考え、実践した分、脳はその経験を覚えていてくれます。

プレゼンをこなすということは、周囲の信頼、期待を生み、自分の成長をもたらします。結果、社内での昇進や、転職でのキャリアアップにも大きなインパクトをもたらすのです。

博報堂のエッセンスが詰まっています

前置きはこれくらいにして、さっそく第1章に入りましょう。

本書の内容は、私個人のつたない経験に基づいていますが、元をただせば、博報堂という会社の「博報堂らしいプレゼンをする」というカルチャーから来ています。つまり、博報堂のＤＮＡが込められています。

お読みになって、実践してみてください。

必ず、プレゼンに自信がつくと思います。

博報堂で学んだ負けないプレゼン

目次

序文

あの日、なぜ博報堂は電通に負けたのか

第1章 プレゼンは誰でも得意にできる！……29

第3章 スライドとスピーチ原稿を作る 自分の言葉で一気に書け！

ここでもリボンフレームを活用する……86

第4章

プレゼン作りの演習問題「新手のコーヒーチェーンを作る」……127

第5章

相手に刺さるプレゼンはシンプルな演出で決める！

終章

アイコン ● davooda / Volodymyr Leus / Shutterstock

第1章

プレゼンは誰でも得意にできる！

そもそもプレゼン下手だった私

私の性格は、どちらかというと、広告代理店には似合わない内向的なタイプです。

かたや代理店によくいますよね。立て板に水のような人。羨ましい限りです。

今でも家内によく言われるのですが、ぶつぶつ話すので聞き取りにくい、そんなあなたが雄弁にプレゼンできるなんて、とても想像できないと。

入社面接でもぎりぎり合格

博報堂の入社面接時、よほど、ステレオタイプのつまらない受け答えをしていたのでしょう。人事の面接担当官にこう言われました。

「君、真面目だね。何か面白いことできないの？」

「ハア。じゃあ顔面体操をやります」

と咄嗟に答えました。

実は私は学生時代、グリークラブという男声合唱に打ち込んでいて、そこで覚えた面白がられる芸が一つだけありました。それは声の出をよくする顔面体操という訓練法です。まあ、変顔をいろんな角度から繰り出す……みたいなものです。

思わずやると言ってしまったので、この顔面体操を夢中でやったら、思った以上に爆笑されました。

おかげでその面接は無事通ったのですが、あとで聞いたら、顔面体操がなかったら印象に残らないやつで不合格だったとか。

面接もプレゼンの一種と言ってもいいと思いますが、とにかく社会人出だしでのそのダメぶりは突出していたと思います。

いきなりのプレゼン8連敗！

配属先は、出版本部マーケティング部というところでした。マーケティングのマの字も知らなかったのに、どういうわけかそこに配属されました。

マーケティングを考え始める企業が増えていて、「市場環境分析」「問題点や機会の整理」「ターゲットおよびコンセプトの設定」など教科書を読みあさりつつ、どうにか格好をつけようと四苦八苦していました。

でも、このときの知識は今でも役に立っています。事実、後章でも出てきますが、「問題点や機会の整理」なんていうのは本書でも重要なプロセスとして扱っています。

当時は、いわゆる出版社の雑誌創刊ブームで、いきなり競合プレゼンを担当することになりました。というのも出版本部でマーケティング部という部自体が新設で、しかもマーケティングなんて、誰も専門的にやったことのない人の集まりだったので、新人でもちょっと学んだらプレゼンに行ってこい！　という雰囲気だったのです。

知識のないこちらは、先輩に頼るわけにもいかず、会社の資料室にこもって、いろいろな文献を集め、企画書を作成し、プレゼンに臨みました。

ところが、競合プレゼンは連戦連敗。いきなり8連敗したと記憶しています。

「この商売は僕に向いてないんじゃないか」

新人ということもあり、相当落ち込みました。

今思えば当然です。先方はマーケティングの知識に関しては素人かもしれませんが、出版のプロです。何が売れるか、どうしたら売れるかといういわゆる実践マーケティングは一枚も二枚も上だったのですから。

一方こちらは、プレゼンごとに一生懸命調べて、一応の自分の主張や提案はありましたが、やっぱり付け焼き刃な知識では全く通用しないことを痛感しました。

一番多かった失敗とは？

振り返って、一番多かった失敗をお話しします。

プレゼンはいつも一人で任されるのかというと、必ずしもそうではないですよね。

例えば、プレゼンターは一人ではなく、前半はあなたでも後半は違う人が担当だったり、あなたの周りには、もっと偉い人、発言力がある人など多くの人間がいて、その人たちの意見を尊重しながら、コトを進めなければならないなど、要は一つの提案を詰めるにも、関係者がたくさんいて、その総意として着地させなければならないというケースも多いことと思います。

私も特に若い頃は、例えば、社内のカリスマと呼ばれるような影響力のあるクリエイターの意見や主張が自分の考えていることと違ったりすると、無理に自分の主張を通すわけにもいかず、その調整に四苦八苦しました。

私の性格はどちらかというと弱気なタイプなので、存在感のある人の意見に、つい従ってしまう自分がそこにいたのです。

そんな中でありがちだったのは、自分が担当した前半に言ったことと、後半の担当者が言っていることが微妙に食い違ってしまったプレゼンです。

要は、自分ともう一人の人との主張が最後まで嚙み合わず、そのままプレゼンになだれこんでしまうケース。これはうまくいかない典型的なパターンです。

クライアントがそれに気がつかないのかというと、それは気がつきますって。

例えば、プレゼンターの一人が世間でも名の売れた大御所だったら、まあ仕方ないかと慮ってくれるクライアントもいますが、今思い返せば、そんなプレゼンは、決して相手に刺さるプレゼンにはなりませんでした。

では、あなたがそんな状況に陥ったときに、どうしたらいいのか。

これは私の経験からですが、**自分の主張をあっさり取り下げてはいけません。**強気にいくべきです。

ただし、やみくもに自分の主張を通そうとしても、周囲を困らせるばかりです。逆にこいつは頑固で使えないやつだと思われてしまうリスクもあります。

なので、ここは、この後に出てくる**「リボンフレーム」**を使って、まずはあなたのロジックを主張しましょう。そして、もう一人の人が主張していることも、同じフレームで比較してみるのです。そして、どっちがより効果的かを話し合えばいいのです。

ですから、もし、あなたの主張がきちんとしたロジックから成り立っているなら、最初は決して取り下げてはいけないというのが私からのアドバイスです。

心を動かすプレゼンには シンプルな原則があることに気づいた

そんなこんなで、とりわけ優秀でもない私は、いろいろな失敗を重ねてきたわけですが、そのうち、「そうか！　こうすればいいんだ」と、プレゼンの3つの真理に気づきました。

今から思えば、極めてシンプルな原則だったのですが……。

私の体験とともに3つの真理をお伝えします。

プレゼンの真理❶

「目ぢから」のないプレゼンは通らない

入社7～8年目（20代後半）に気づいた真理です。

最初に出版本部に配属されてから5年たって、雑品を担当するマーケティング3部というところに異動し、いきなり外資系のマクドナルドを担当することになりました。

雑品というのは、博報堂特有の言い方で、博報堂は元々は出版社の広告代理専門の会社だったんですね。それで、出版以外の広告のことを全部ひっくるめて雑品という言い方をしていたのです。

そして担当してから2年ほどたった頃、新商品の大型キャンペーンの競合プレゼンのプレゼンターを任されることになりました。当時、数字を重視する外資系企業の対応にだいぶ慣れてきたこともあって、また、多少プレゼン費もあったので、自主調査を仕込む入念な準備をしたのです。そして、そこでの発見をわかりやすく解説し、戦略、施策に結び付け、プレゼンしました。

すると、当時の宣伝部長から、**「今日の人には目ぢからがあったよ」**との一言。要するに自信が顔に表れていたのです。

そのプレゼンでは、首尾よく競合に勝ったのですが、今更ながら、**「そうか、プレゼンは自分（たち）の想いを主張する場であり、自信と情熱をもってプレゼンすることが何よりも大事なんだ」**と気づかされました。

それまでは、この当たり前のことができていませんでした。

熱意は「目ぢから」に表れます。相手の目を見ると言っても、提案に信念がないと難しいですよね。つまり、自信の証しでもある。そして**その自信は結局、どれだけ考え抜いたかから生まれてくるのです。**

プレゼンの真理❷
クライアントの方が俺たちより100倍考えているんだ！

その人はまさに博報堂のレジェンドでした。小沢正光さん。博報堂のCMO（チーフ・マーケティング・オフィサー）です。残念ながら2016年1月24日、65歳で亡くなってしまいました。

「それは世界中探したのか？」
「じゃあ、今ここでNASAに電話して」
など、とにかく発言の一つ一つが凄かった。そんなクリエイティブ・ディレクターと一緒に仕事をする機会を得られたのは、大変勉強になり幸運でした。

出会いは、私が30代後半の頃でケンタッキーフライドチキンの仕事でした。当時、先方に刺さるクリエイターがなかなかおらず、苦労していたのですが、営業部が思い切って小沢さんを連れてきたのが最初です。それからしばらくして、小沢さんは博報堂の子会社であるクリエイティブ・ブティックの社長に出向となり、私はその会社のマーケティング職として同時出向する運びとなりました。名実ともに小沢さんは私の上司であり、師匠になったのでした。

小沢さんはクリエイターなのに、その上位概念のマーケティングや戦略のことばかり言う方でした。今思い返せば、クライアントにとってはクリエイティブよりもそちらの方が大切ということに気づいていたんだと思います。

「クライアントの方が俺たちより100倍考えているんだ！」

忘れもしない、小沢クリエイティブ・ディレクターの残した言葉です。

あるとき、ある企業のオリエン書（49ページ参照）を見ながら、私たちが「これ、何言っているか全くわかんないね」とワーワー言っていると、横で聞いていた小沢さんが怒りだしたのです。

「クライアントを決してバカにするな。クライアントは少なくともお前らより１００倍考えている。そう言って笑っているお前らの方が１００倍バカだ」

そう言われて、いっぱしのプレゼンができるようになって、傲慢になっていた自分に気がつきました。

「クライアントの方が考えている」

それ以来そのことを肝に銘じるようになったのです。

プレゼンの大前提は、私たちより考えているクライアントの、悩みの理解と共感であると考えるようになりました。

プレゼンの真理❸
説得は「ロジック3点セット」でする！

著者プロフィールを見ていただければおわかりのように、私は43歳で海外に赴任しました。残念ながら、英会話に長けていたわけでも、自信があったわけでもありません。

英会話は、30の手習いで会社の研修で始めました。

34歳で突然日本リーバ（今のユニリーバ・ジャパン）に出向になり、同僚がオーストリア人、上司がイタリア人、その上司がイギリス人という環境にぶち込まれて、結構つらかったのですが、部下に帰国子女でほぼネイティブの女性がおり、会話はその人に頼りっぱなし。2年ほどいましたが、今考えると結局、英語はそんなに身につかなかったです。やっぱり人に頼っちゃだめです(笑)。

そして、43歳で初の海外赴任となったわけですが、心がけたのはできるだけ少ない単語で伝えることです。

最初は、文章というより単語の連発、だんだん頭に「I think ……」(私はこう思うんだが、～）をつけるようになり、そして、徐々に文章の長さを伸ばしつつ、会話らしくするにはどうしたらいいか、悪戦苦闘していました。

こうして、周囲との意思疎通が何となくうまくいくようになったあるとき、「俺ってだいたい同じパターンで会話してるなあ」と気づいたのです。なぜ同じパターンなのかというと、それが一番伝わりやすいからです。

図1 プレゼンもこのステップで「ロジック3点セット」

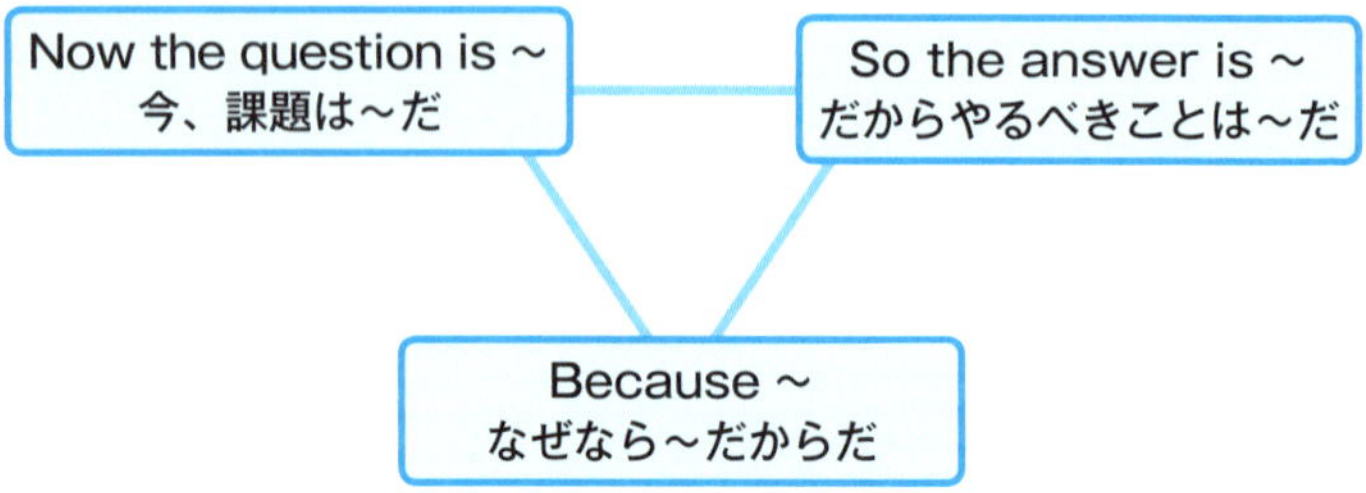

それは、

「Now the question is ～」

「So the answer is ～」

「Because ～」の3点セットです。

図で示すと、こんな感じになります（図1参照）。

ロジック3点セットと覚えておいてください。

日本語で言うと、

「今、課題は～だ」

「だからやるべきことは～だ」

「なぜなら～だからだ」

という流れなのです。

もう少し臨場感を持って言うと、

「今、クライアントは本社管理部門の説得で悩んでるんだ」
「だから俺たちがやるべきことは現地での証言集めだ」
「なぜなら、管理部門は往々にして第三者の意見を参考にするからさ」

と、こんな感じです。

会話もそうですが、**企画書もプレゼンも結局はこの3点セット**なんだということに、やがて気づきました。

3つの真理を忘れない！

ここまで見てきた、プレゼンにおいて大切な真理を改めて整理します。

①提案に信念を持つ→目ぢからになって表れる

②依頼者の悩みを理解、共感する→相手をリスペクトする

③ロジック3点セットで説得する→伝わりやすくなる

私の場合、この気づきに20年かかりましたが、みなさんはこの３つを押さえて、次章から展開するメソッドを実践すれば、すぐにプレゼン上手になれるはずです。

プレゼンの3つの真理

❶提案に信念を持つ

「目ぢから」のないプレゼンは通らない！

❷依頼者の悩みを理解、共感する

クライアントの方が俺たちより100倍考えているんだ！

❸説得は「ロジック3点セット」でする！

Column

プレゼンの順番は1番を選べ！

選べるなら、プレゼンは1番最初にやるのが有利だと思います。

理由は単純です。プレゼンを聞く側もまだ新鮮なので、話を全部真剣に聞いてくれるからです。

もちろん、デメリットもあります。

人間なので、最初のプレゼンは、たとえ良かったとしても忘れてしまいがち。

最後の方がどうしたって記憶に残りやすい。そこで優れたプレゼンをやられたら、こちらのプレゼンも負けず劣らずだったとしても、最後の方が選ばれてしまうかもしれません。

なので、最後を選ぶという戦略もありではありますが……。

あなたはどちらを選びますか？

第2章

プレゼンの中身は「リボンフレーム」で整理する！

いよいよ相手に刺さるプレゼンのメソッドを紹介

いよいよ相手の心に刺さるプレゼンを作る方法を紹介します。

3つの作業ステップを踏むだけでOKです。

この章では、プレゼンで提案する内容、アイデアをどうまとめたらいいのかを解説し、次の章で伝え方を解説しましょう。

ステップ❶
まず、自分の頭で考える

頭に浮かんだことをとにかく書く！

前章で、「提案に信念を持つ」ことがプレゼンの真理の一つと言いましたよね。そのための作業が「自分の頭でとことん考える」です。自分の頭で考えるからこそ自信ある提案になるのです。

まずはオリエン書を読み込みましょう。

オリエン書というのは、プレゼンに際して、依頼者が何を依頼したいのか、何を実現したいのかを簡潔に記した文書のことです。依頼にあたっての背景や環境、事例など詳細な情報を記したものから、依頼事項と留意点だけ書かれたきわめて簡潔なものまでいろいろな書き方のものがあります。

オリエン書を読んだら、あなたならどう回答するかを思い浮かべましょう。

そして、頭に浮かんだことを紙に落として、「紙メモ」を作成します。

わかりやすくするために、「街の床屋さんの再生」を例にとって、説明しましょう。

まず、あなたは街の床屋の店主からこんな相談を受けたとします。

「ここ数年、ずっと売り上げが減り続けているんだ。先々代から受け継いだ店なので潰すわけにはいかない。何とか続けたいんだが、どんな案で立て直したらいいか」

これがプレゼンの「お題」です。あなたは、店主の悩みを聞きながら、頭の中でいろいろ考えているはずです。

そこで、頭に浮かんだことを書き出してみてください。

大切なのは生活者の感覚

初動でなぜこのようなことをするのかというと、消費者側に立って、彼らが髪を切ろうと思い立ったとき何を考え、行動しているのかを類推することがとても大切だからです。

これはまさに博報堂から教えてもらったことで、「生活者発想」と言います。

なぜ、敢えて「消費者」と言わず「生活者」と言うのかというと、人間はモノやサービスの消費だけに生きているのではないからです。そこには日々の生活があり、個人の想いや家族や人々との関わりがあるのだから、それをまるごと把握して発想しようという意味があり、そこに博報堂のこだわりがあります。

違う言い方をすると、生活者感覚でオリエン書を捉えるということですね。

自分を信じろ！

そしてあなたも生活者の一人なのです。**生活者として、今回の課題を考えてみる。**それが最初にすることの意味です。

自分の感覚を信じるということでもあります。

メモにする意味

また、なぜ、紙に書き落とす作業がいるのかというと、紙に書くと頭の整理ができるからです。

文章にすることは、あなたが頭の中でシミュレーションしたことを相手に伝わるようにするための準備になります。

- 「待つのもうざい」なあ。だから最近はネット予約を使っているお客さんも多いようだ。ただそれは、女性や若い人が主流だろう。床屋さんは年配の男性客が多いだろうから、ネット予約を導入してもあまりインパクトはないかも。

- 自分もほとんど美容院に行くな。まあ、たまにはあの「蒸しタオル」やその場で洗面台が現れて、頭を前に倒して髪を洗ってくれるなど、レトロなサービスがなつかしくて、利用してもいいと思うときもあるんだけど……。

- 一人ひとりを大切にするということで、個室感覚のコンパートメントにしたらどうか。

この段階では何でもいいので
自由に書いてみよう

図2 頭に浮かんだことを書き出そう

床屋さんの再生についての「紙メモ」

- はたから見ていても、床屋さんの経営はいかにも苦しそう。原因の一つには、「料金が意外に高い」というのがありそう。

- 例えば、サービスになっている髭そりとかいらないんだけど。白髪染めとか他のメニューをつけると結構な金額になってしまうし。

- 最近の床屋さんでは、カットと他のサービスを分離して、お客さんが選べて安く済ませられるところも多いみたい。

- また、「QBハウス」など低価格理容室が現れ、価格破壊が進んでいる。理容師さんの手さばきは少々荒いけど、10分で済むし、お客さんはかなり増えていそう。検討してみる余地はある。

- 自分の中では、ヘアカットは、美容院がメジャーで、床屋はマイナーな存在になっている。なぜか？　床屋はなんとなく古臭いからだ。今風の髪型にしてくれる感じがしない。

- だったら、「眉ぞりサービス」など今風のサービスをアピールする手があるかも。

ステップ❷

世の中とすり合わせる

世の中はこの問題についてどう思っているのかを見る

次にやることは、今回のテーマは、世の中の一般常識や最新情報から見るとどうなのだろうか、自分の考えたこととは違った考えや見方がされているのではないか、それを調べる作業です。

「へぇ〜」と感心するのが目的

ここでの作業ですが、これは、変な言い方ですが、「へぇ〜」と感心するのが目的です。なぜかと言うと、自分が今まで知らなかった情報や知恵を発見し、「へぇ〜」と感心するたびに、情報があなたの脳に擦り込まれるからです。

だから自分の知らない情報に遭遇したら、「へぇぇ〜」と思ってくださいね（笑）。

そして、世の中のいろいろな意見を吸収するに従って、自分の考えが浅はかだったと気づくケースも出てくるでしょう。そのときは、「自分は浅はかだったな」と素直に受け入れます。その反省が脳に刻まれ、新しい考え方が自分の考えとして擦り込まれます。

だからこそ、ステップ❶で最初にあなたが発想したことが重要でもあるわけですね。

ググったり現場を見たりヒアリングをする

では、どのように情報収集するのか。ネットでググるのはもちろんですが、やみくもにググっても時間だけがかかります。

まず、もう一度オリエン書を見返してください。そして、自分の紙メモと照らし合わせ、そこで感じたこと、浮かんだことをさらに深掘りしたいなと思ったら、そのテーマでググってみます。

できれば、現場も見てみましょう。地理や時間の問題もありますが、現場を見ることで新たな発見があったり、感じるものがあるはずです。

私の場合は、マクドナルドやケンタッキーなどファストフードの担当経験が長かったので、店舗に入って、じっと人の行動を見るのが癖になってしまったのですが、今思うと現場で人の動きを観察するという習慣は大変身になった気がします。

海外赴任したときも、花王のシャンプーや味の素の食品を担当し、ことあるごとにスーパーやパパママショップに出向いて店を見るという習慣を続けました。

観察するのは、人の平常の買い物行動です。

棚を見るときどこから見るのか、どんな顔をしているのか。商品はどうやって手に取られるのか。お店の人は該当商品をどう扱っているのかなどいろいろな情報を現場で吸い上げ、プレゼンの依頼者の想いと重ね合わせると、不思議と何か見えてくるものがあります。想いをすくい取るには現場を見るのも大事ということです。

さらに、わからないことも出てくるでしょう。そんなときは当事者に聞く。相手がものすごく偉い人だったり、時間が取れない人だったりしたら無理ですが、その場合はその方の意見や関心をご存じで、話を聞くことが可能な人を探して、聞いてみましょう。

聞くことが大事なのは、ヒアリングには暗黙知を引き出す面があるからです。
オリエン書に書いていないが、依頼者が実は大事だと思っていることがあったりします。人の想いは、文字に落とせない部分が必ずあって、直接の言葉やそのときの表情がないとすくえないものです。それをできるだけすくいましょう。

ここでやることをおさらいすると、**まず、ネットなどで調べましょう。そして、現場を見ましょう。さらに、できれば当事者や周りのスタッフにヒアリングしましょう**ということです。

いろいろ調べることで、相手の想いが見えてくるはずです。

調べたことを記入して紙メモを充実させる

次にやることは、調べたことを最初に書いた紙メモに書き加えて、内容をさらに充実させていくことです。

床屋の例に戻ってお話ししましょう。こんな具合です。

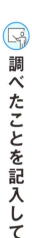

・一人ひとりを大切にするということで、個室感覚のコンパートメントにしたらどうか。

→ためしに昔からある床屋に聞いてみたが、ほとんどが固定客だそうだ。やはり、老舗のサービスの良さを理解してくれるお客さんをとにかく大事にする。あるいはかつてお客さんだった人に、再度関心をもってもらうのも解決の方向かな。

◎ここからは、調べ始めてわかった「へえぇ～な」情報

・ある美容院店主から聞いた話。
元々その美容院は駐在員が多く住んでいる街にあるということもあって、外国人客が多い特殊な美容院だったのだが、最近はSNSで評判を聞きつけた外国人観光客が飛び込みで来るようになったという。

その理由は、日本はサービスの品質がいいし、ヘアカットの技術やおもてなしに期待しているのだそうだ。

・また、美容院で店の人とゆっくり話をすることによって、街のことや日本人のことを知ることができるので楽しいとのこと。

→そうか！　老舗床屋のあるこの街もサブカルチャーを求めてやってくる外国人観光客が多くなってきたので、外国人観光客の需要を狙うことも考えられるのではないか。それには今以上にレトロな雰囲気とサービスは重要だな。

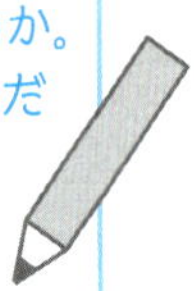

52、53ページの紙メモに書き加えた（青色部分）

図3 調べたことを書き加えて、「紙メモ」を充実させよう

- はたから見ていても、床屋さんの経営はいかにも苦しそう。原因の一つには、「料金が意外に高い」というのがありそう。
- 例えば、サービスになっている髭そりとかいらないんだけど。白髪染めとか他のメニューをつけると結構な金額になってしまうし。
- 最近の床屋さんでは、カットと他のサービスを分離して、お客さんが選べて安く済ませられるところも多いみたい。
- また、「QBハウス」など低価格理容室が現れ、価格破壊が進んでいる。理容師さんの手さばきは少々荒いけど、10分で済むし、お客さんはかなり増えていそう。検討してみる余地はある。

→調べてみたが、これは仮説通り

- 自分の中では、ヘアカットは、美容院がメジャーで、床屋はマイナーな存在になっている。なぜか？　床屋はなんとなく古臭いからだ。今風の髪型にしてくれる感じがしない。
- だったら、「眉ぞりサービス」など今風のサービスをアピールする手があるかも。

→床屋が美容院に負けたのは、男性も髪型のおしゃれを楽しむようになり、多様な髪型やヘアカラーなどさまざまなメニューを提供する美容院の方に魅力を感じるようになったから。実際、自分もそうだ。

- 「待つのもうざい」なあ。だから最近はネット予約を使っているお客さんも多いようだ。ただそれは、女性や若い人が主流だろう。床屋さんは年配の男性客が多いだろうから、ネット予約を導入してもあまりインパクトはないかも。

→これも仮説通り。ただし、ネット予約は効果的だが、広告料を支払い続けなければならず、元々小規模経営で薄利の業態だから、これではなかなか利益が出ないようだ。

- 自分もほとんど美容院に行くな。まあ、たまにはあの「蒸しタオル」やその場で洗面台が現れて、頭を前に倒して髪を洗ってくれるなど、レトロなサービスがなつかしくて、利用してもいいと思うときもあるんだけど……。

ステップ❶とステップ❷の意味

ステップ❶と❷をなぜ分けるのかというと、ステップ❶は悪く言えば独りよがりな意見。ただし、自分が信じていることとの確認ができる良さがあります。それに対してステップ❷は、世間一般の立場に立って見返すという作業をしています。

これら両方の作業を通じて、冷静にクライアントの期待の在りかに方向を修正しているのです。

「ロジック整理チャート」に書き写す

次に、紙メモを「ロジック整理チャート」（図4参照）にまとめましょう。

「ロジック整理チャート」とは難しいチャートでも何でもなくて、紙メモを2つのことに整理するだけのことです。

チャートの左側は、現状把握の部分、つまり、問題点や強み、あるいは単なるファクトの欄です。

右側は、提案の部分、つまり、具体的解決策やその考え方の欄です。

やることは簡単です。紙メモの中から、左側に属する部分と右側に属する部分に分けて記入するだけです。

ただし、注意点としては、それぞれ関係ありそうなものは一つの文章に集約したり、因果関係で整理して、できるだけ簡潔にまとめましょう。

これで準備OK！

これでステップ❶、ステップ❷の作業終了です。ステップ❸の「リボンフレーム」に進む準備が整いました。

〈解決策など〉

- サービスを削って低価格に見せる
  →他店も皆やっている
- 低価格業態への転換
  →我が街にもすでに2〜3店あり出遅れ
- 美容院がやっているような今風の売り物を作る →やったところで古臭いイメージは簡単に払しょくできない
- ネット予約の導入
  →若い人向けだし、広告費が大変で元がほとんど取れないとのこと
- レトロな雰囲気とサービス
  個室感覚のコンパートメント
  →今でも価値がわかる人はいるはず
- 外国人観光客を狙う
  →老舗の価値が生かせそう

図4 「ロジック整理チャート」にまとめよう

ロジック整理チャート

〈問題点や強みなど〉

- 料金が高い
  余計なサービスが多い（髭そりとか）
  →その通り
- 価格破壊業態が伸びている
  →その通り
- 美容院に客をとられている
  床屋は古臭い、オヤジの行くところ
  →その通り
- あのレトロなサービスを受けたいと思うことがある
  →そういうファンもいる
- 外国人観光客が来店する店がある
- 我が街も外国人観光客が多くなってきた
  →新たな発見

紙メモの内容を〈問題点や強みなど〉と〈解決策など〉に分けて書くだけ

ステップ❸

自分の言いたいことを決める

ロジックが整理される魔法のフレーム「リボンフレーム」

さあ、材料が集まったので、**プレゼンで何を提案するのか、言うことを決める作業に移っていきましょう。**

「リボンフレーム」というフレームワークの登場です。

「リボンフレーム」は、通常のプレゼンを刺さるプレゼンに変える魔法のフレームです。

第1章で書いた通り、私は海外赴任中に、伝わるコミュニケーションのポイントは、「ロジック3点セット」だと悟りました。

その「ロジック」を明快にする魔法のフレームが、「リボンフレーム」なのです。

図6 リボンフレーム

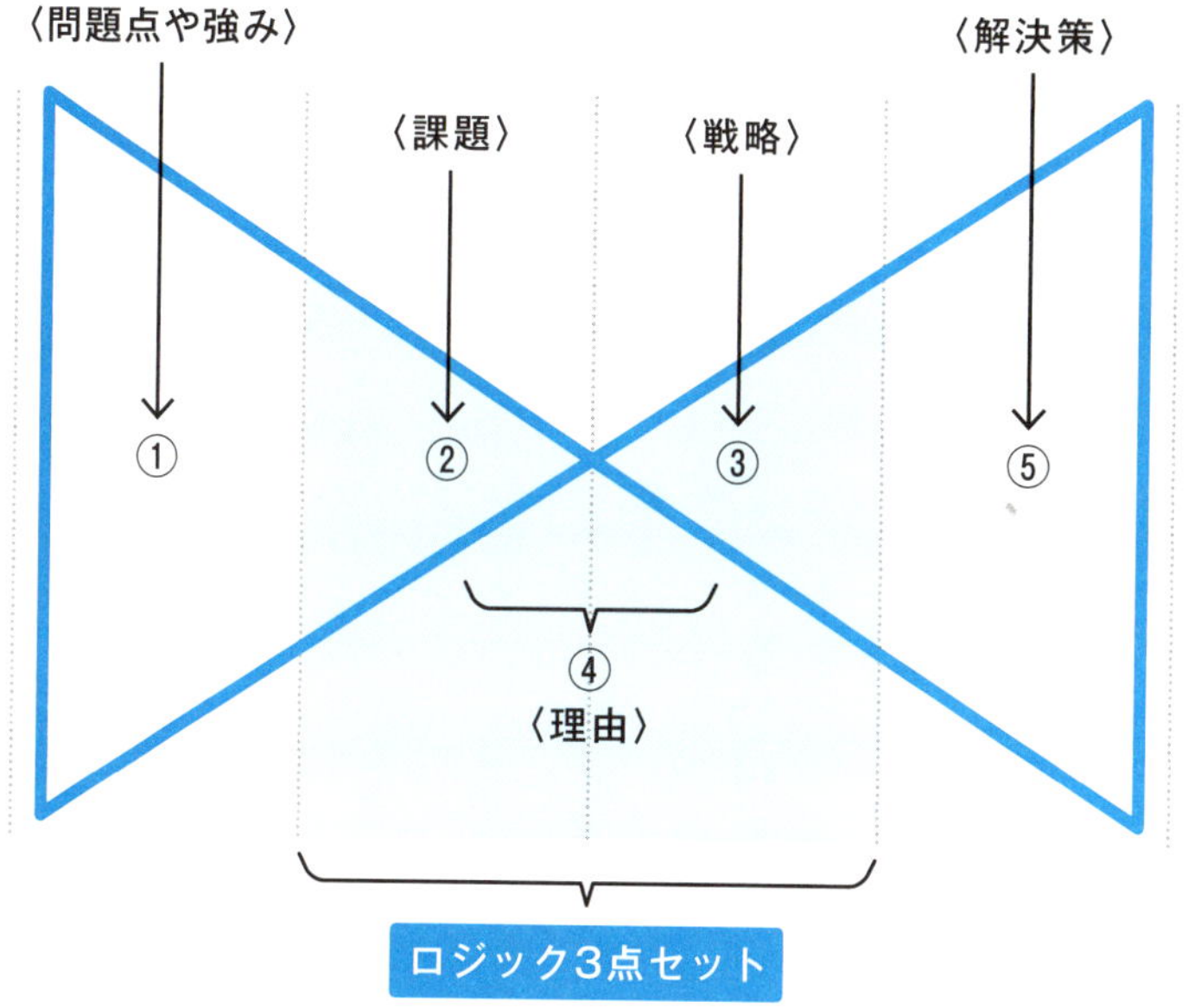

〈問題点や強み〉
〈課題〉
〈戦略〉
〈解決策〉
①
②
③
⑤
④
〈理由〉
ロジック3点セット

リボンフレームは大きく5つの部分に分かれていて、一番左は〈問題点や強み〉、つまり現状整理の部分です（①）。

一方、一番右は〈解決策〉です（⑤）。

そして真ん中の3つがロジック3点セット。左が〈課題〉（②）、右が〈戦略〉（③）、下が〈理由（＝ラショナルとも言います）〉（④）です。

リボンフレームの考え方は、課題を絞り込もうということです。そして、課題を解決する戦略とその理由を明らかにしようということなのです。

両側を埋め、解決策に◎○×をつける

まずは、〈問題点や強み〉の欄に、「ロジック整理チャート」の左側部分をコピー＆ペーストします。

次に、右側の解決策の部分を埋めます。

解決策のなかには、世の中との擦り合わせの段階で、すでに意味のないものが出てきて

います。なので各解決策に◎○×をつけ、×の策はあとで消します。

床屋の例で言うと、サービスを削って低価格に見せるのは他店もやっているので×、低価格業態への転換は、街にすでに2、3店あるので×、美容院のように今風の売り物を作るのも、いかんせん古臭さはぬぐえないので×、ネット予約の導入も採算が合わなそうなので×。

残ったのは2つ。そのうちの一つの「レトロな雰囲気とサービス」は、その価値がわかってくれるお客が今でもいそうなので○、外国人観光客を狙うは、周りでまだやっているところがないし、老舗の価値が生かせそうなので◎にしました。

〈課題〉を絞り込んで〈課題〉欄に書く！

これでリボンフレームの両側が埋まりました（図7参照）。

今、一番左の〈問題点や強み〉の欄にはたくさんのことが書かれてます。**それらを眺めて、〈課題〉を絞り込みます。〈課題〉は一つにすることが望ましいです。**絞り込んだらそれを

〈戦略〉

〈解決策〉

× ・サービスを削って低価格に見せる

× ・低価格業態への転換

× ・美容院がやっているような今風の売り物を作る

× ・ネット予約の導入

○ ・レトロな雰囲気とサービス
個室感覚のコンパートメント

◎ ・外国人観光客を狙う

「ロジック整理チャート」の右側（62ページ）をコピペして◎○×をつける

図7 「リボンフレーム」を使ってみよう

〈問題点や強み〉

- 料金が高い
  余計なサービスが多い（髭そりとか）
- 価格破壊業態が伸びている
- 美容院に客をとられている
  床屋は古臭い、オヤジの行くところ
- あのレトロなサービスを受けたいと思うことがある
- 外国人観光客が来店する店がある
- 我が街も外国人観光客が多くなってきた

「ロジック整理チャート」の左側（63ページ）をコピペする

〈課題〉

〈理由〉

〈課題〉の欄に書き込みます。

課題を一つに絞り込んで明快に表現するのは意外に難しいので、ここで苦戦するかもしれません。答えを導く前の「○○だから……」という原因や理由というのは、現実にはたくさんあり、複雑に絡み合っているからです。

しかし良いプレゼンにするには、思い切りよく絞り込む作業が必須です。

課題の絞り込みがなされていればこそ、次に示される解決法がクリアに見えるのです。

どうやって絞り込むのか？

では、どうやって絞り込むのか。答えはシンプルです。

結局は、あなたの信念に従うしかありません。プレゼンに正解はないのですから。自分で考えて、エイヤで決めます。

あなたの頭の中ではもうできているはずです。ステップ❶「自分の頭で考える」、ステップ❷「世の中と擦り合わせる」の作業を通じて、「あっ、このテーマはこのあたりが課題だな」と頭では絞り込めているのではないでしょうか。

その感覚を信じましょう。

床屋の例でお話しします。

この場合の課題ですが、問題点や機会のところで考察したように、あなたはお客さんが減っているもっとも大きな原因は、美容院に客が流れていることだと確信しました。

なので、そのまま書けば、課題は、「美容院への客の流出阻止」となるわけですが、老舗床屋の古臭さを考えると、実際に美容院への客の流れを完全に阻止することはできない、とあなたは見切っています。

そう簡単に客の流れを逆にするなんてできません。であれば、**活路は昔からある床屋としてのサービスに魅力を感じてくれる人を相手にすることだ、と割り切りました。**

要はこの店一軒が再生できればいいわけで、大量のお客さんを呼び込む必要はないのです。

ですので、市場の流れを逆手にとって、**課題は「老舗床屋の価値を光り輝かせる。その価値のわかる人にアピールする」と絞り込みました〈リボンフレームの〈課題〉欄にこれを**

書き込みます）。

〈戦略〉を考えよう

〈課題〉の欄が書けたら、次は〈戦略〉の欄です。

戦略の考え方は、リボンフレームの左側と右側の双方を見ながら考えます。

左側は、今、課題として明快な絞り込みをしました。一方、右側の〈解決策〉には有効そうな施策がいくつかプロットされています。なので、その左右を見比べながら、設定した課題の戦略として適当なものを考えていきます。

床屋の例で言えば、課題は「老舗床屋の価値を光り輝かせる。その価値のわかる人にアピールする」でした。

そして、具体施策として「レトロな雰囲気とサービス」「外国人観光客を狙う」が挙がっています。

ならば戦略は何かというと、左右をミックスして「インバウンドの外国人観光客を狙い、老舗床屋の価値をアピール」とするのが良さそうです。

課題と解決策をうまく結ぶ言葉を見つけて書き込みましょう。

〈理由〉を考える

リボンフレームのうち、〈課題〉と〈戦略〉と〈理由〉が「ロジック3点セット」です。これがプレゼンで伝えたいことになります。

課題と戦略が決まったので、後は〈理由〉、つまり、課題と戦略の橋渡しの文章ですね。

床屋の例で言えば、課題は、「老舗床屋の価値を光り輝かせる。その価値のわかる人にアピールする」、戦略は、「インバウンドの外国人観光客を狙い、老舗床屋の価値をアピールする」なので、その合理的理由としては、「外国人観光客こそが、日本独自の文化や習慣に触れることを求めており、老舗という強みを発揮できる」としてみましょう。

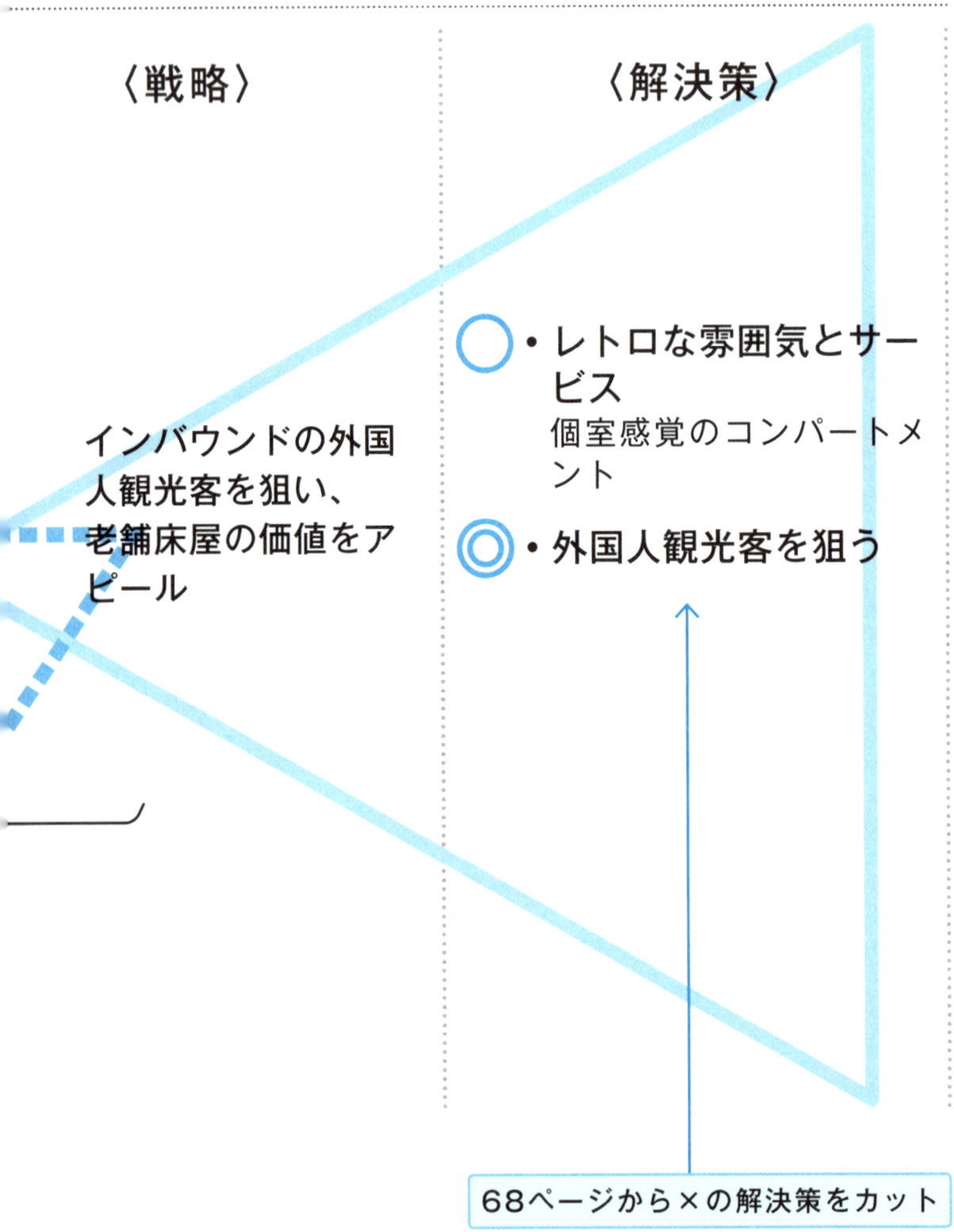
〈戦略〉
〈解決策〉
インバウンドの外国人観光客を狙い、老舗床屋の価値をアピール
・レトロな雰囲気とサービス
個室感覚のコンパートメント
・外国人観光客を狙う
68ページから×の解決策をカット

図8 リボンフレームで〈課題〉と〈戦略〉と〈理由〉を考える

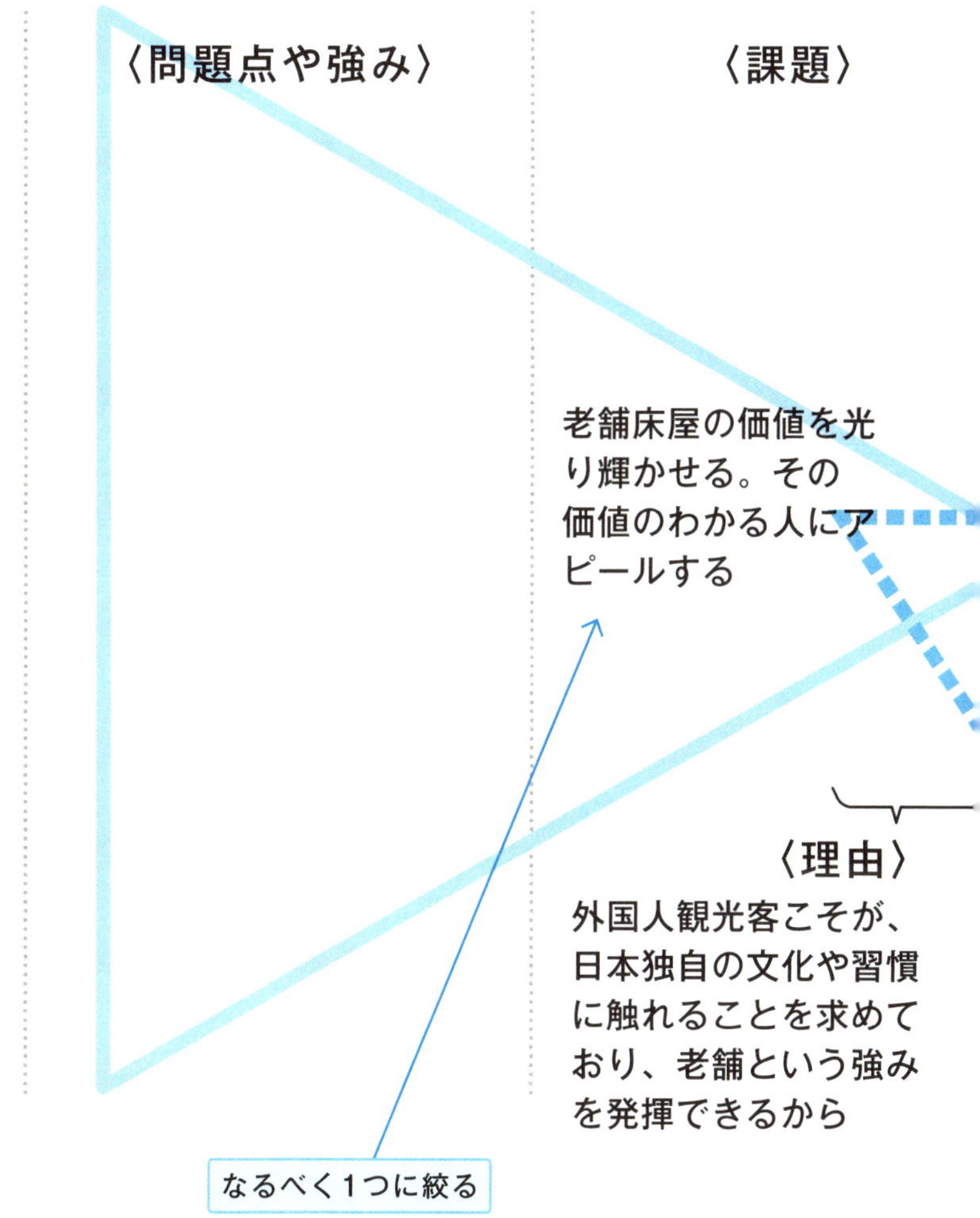
〈問題点や強み〉
〈課題〉
老舗床屋の価値を光り輝かせる。その価値のわかる人にアピールする
〈理由〉
外国人観光客こそが、日本独自の文化や習慣に触れることを求めており、老舗という強みを発揮できるから
なるべく1つに絞る

ここでのポイントは、「外国人観光客が日本独自の文化や習慣に触れたいと思っている」という解釈です。どうやって導き出したかというと、ステップ❷で調べた中に、「美容院に飛び込みの観光客が増えている」というのがありました。その理由として立てた仮説がこれで、それをそのまま書きます。

ロジック3点セットで復習しよう

ここでロジック3点セットを床屋の例で復習してみましょう。

最初は、「Now the question is ～」＝「今、課題は～だ」でした。

従って、「今、課題は、老舗床屋の価値を光り輝かせること。その価値のわかる人にアピールすることだ」となります。

次に、「So the answer is ～」＝「だからやるべきことは～だ」でした。

従って、「だからやるべきことは、インバウンドの外国人観光客を狙い、老舗床屋の価値をアピールすることだ」となります。

最後は、**「Because ～」＝「なぜなら～だからだ」**でした。

従って、「なぜなら、外国人観光客こそが、日本独自の文化や習慣に触れることを求めており、老舗という強みを発揮できるからだ」となります。

いかがですか？　少し慣れてきましたか。

このように、ロジック3点セットを使って考えると、リボンフレームの中心部分を埋めやすくなります。

「一言で言うと～」に対応できる！

このロジック3点セットは、私が海外で最短で伝わる言い方として学んだわけですが、実は現代ビジネスでは非常にいい効用があります。

これにより「一言で言うと～」を頭の中で瞬時に作ることができるんですね。

プレゼンでもよくあるのが、「御社の提案は簡単に言うと何なんですか?」という類いの質問です。そのとき、ロジック3点セットが擦り込まれていれば、打てば響くように返答することができるわけです。

この「一言で言うと何なの?」は、日頃の会議や上司からの質問でも実によく出てきます。そのときも、ロジック3点セットのツボを押さえていると簡潔明瞭に答えることができます。

あなたもいろいろな場面で使ってみてください。

最後に、〈解決策〉を精緻化する

最後に、戦略に基づいて、当初考えていた〈解決策〉をブラッシュアップ、できれば複数提案できるようにします。

戦略は、「インバウンドの外国人観光客を狙い、老舗床屋の価値をアピールする」でした。

なので、それに従って、重点施策を以下のように４つ考えました。

施策の１つ目は、店内をレトロ仕様に改装することです。具体的には、この店が開店した大正時代の雰囲気＝大正ロマン風に改装します。

２つ目は、独自の顔そりサービスを実施します。そこで石鹸の泡立てやカミソリの革砥《かわとぎ》パフォーマンスをやって、外国人観光客を喜ばせようという発想です。

３つ目は、英語看板とＰＯＰの設置です。外国人にアピールするやや派手めなものを作って店頭に設置します。

４つ目は、インスタ映えするシーンを作り、ＳＮＳで拡散することです。レトロな店内、石鹸や革砥パフォーマンスをスマホで撮らせ、ＳＮＳで発信してもらいます。

祝・リボンフレーム完成！

さあ、これでプレゼンの骨格を成すリボンフレームが完成しました！

プレゼンの中身、骨子ができあがったことになります。

〈戦略〉	〈解決策〉
インバウンドの外国人観光客を狙い、老舗床屋の価値をアピール	・店内をレトロに改装する ・独自の顔そりサービス（パフォーマンス付） ・英語看板とPOP ・インスタ映えシーンを作る

図9 リボンフレーム完成版（街の床屋さんの再生）

〈問題点や強み〉

- 料金が高い
  余計なサービスが多い（髭そりとか）
- 価格破壊業態が伸びている
- 美容院に客をとられている
  床屋は古臭い、オヤジの行くところ
- あのレトロなサービスを受けたいと思うことがある
- 外国人観光客が来店する店がある
- 我が街も外国人観光客が多くなってきた

〈課題〉

老舗床屋の価値を光り輝かせる。その価値のわかる人にアピールする

〈理由〉

外国人観光客こそが、日本独自の文化や習慣に触れることを求めており、老舗という強みを発揮できるから

はっきり言って、あとは簡単です。大手を振って、次章に進みましょう。
次章では、この骨子をもとに効果的な「伝え方」を解説します。

Column

相手の「手」を見れば、飽きているかどうかがわかる！

私の場合、プレゼン中に相手のどこを見るかというと、手元のペーパー（スライドを印刷したものなど）のページをめくろうとしているかどうかをチェックします。

ペーパーをめくろうとしていたら……それは次を見たいという衝動の現れです。今のページや話に興味がなかったり、気が散っているサインかもしれません。

それを見極めて、相手が飽きていたり、理解済みのことを話していているのかもと思ったら、話を短くしたり、思い切ってサクッと次ページに行くようにします。

ペーパーのないプロジェクターだけのプレゼンの場合は、相手がスライドから目を離し、何か別のところに視線が行ってないかをチェックします。

ペーパーにせよ、プロジェクターにせよ、紙やスライドをずーっと見るのはつらいものです。人間、何かをずっと見つめていると、眠くなったり、他のことを考え始めるもの。

そこで、自分（プレゼンター）に目を向けさせる箇所を意図的に作ることも大切です。

例えば、身振り・手振りを入れる。

私がよくやるのは、サンプル商品でも写真でもいいので、手元に何かブツを用意して

「ちょっとこれを見てください」

と言って、注意を自分に引き付けることです。

ピンチの時に使えるものを用意しておくと、プレゼンに余裕が生まれます。

第3章

スライドとスピーチ原稿を作る
自分の言葉で一気に書け!

ここでもリボンフレームを活用する

プレゼンとはスライドとスピーチの合わせ技

プレゼンの中身が固まったら、それをスライドにして、プレゼン用のスピーチ原稿を作る作業に入ります。

プレゼンというのはスライドとスピーチの合わせ技です。

スライドは第一に文字を大きく、文字数は少なく、わかりやすい図なども交え、ひと目で頭に入ってくるようにします。

そして、プレゼンターがスライドに基づきつつも、その行間を隙間なく流麗につないでスピーチし、わかりやすく説得力を持って伝えるということが大切です。

スライドとスピーチ、この2つを磨いていけばいいわけです。

スライドの骨格の作り方

では、まずはスライドの骨格の作り方です。

世間には、さまざまな工夫を凝らしたスライドの見せ方がありますが、私はシンプルが一番だと思います。

なので、大抵の場合、A４横を使って、文字量を減らして、フォントはなるべく大きく、体言止めを多用。時おり、図も使ってわかりやすく、を心がけています。

では中身はどうやって詰めていくのか。

ここでもリボンフレームを使います。

リボンフレームは、5つの箇所に分かれていましたね。まずはそれをA４１枚、１枚に落としていきます。

順番で言うと、①問題点や強み、②課題、④理由、③戦略、⑤解決策の順です。

なぜ、④と③が逆になっているのかというと、日本語のロジック展開の順番の多くはこれだからです。

つまり、**「課題はこう。従って、戦略に至る考え方はこう。だから、戦略はこれ。そしてこれが具体的施策になります」**という流れが普通だからです。

なので、この5枚がスライドの骨格になります。見出しだけで展開すると、左ページのような感じです。

これが基本ですが、戦略と理由の順番を変えるやり方もあります。

「課題は○○です」そこで「戦略はこう考えました」「なぜなら理由は○○だからです」

これは第1章で述べた英語方式ですね。

ロジック3点セットは、戦略と理由の部分をうまく説明するために、適宜順序を変えていっても構いません。

図10 リボンフレームを5枚のスライドにする

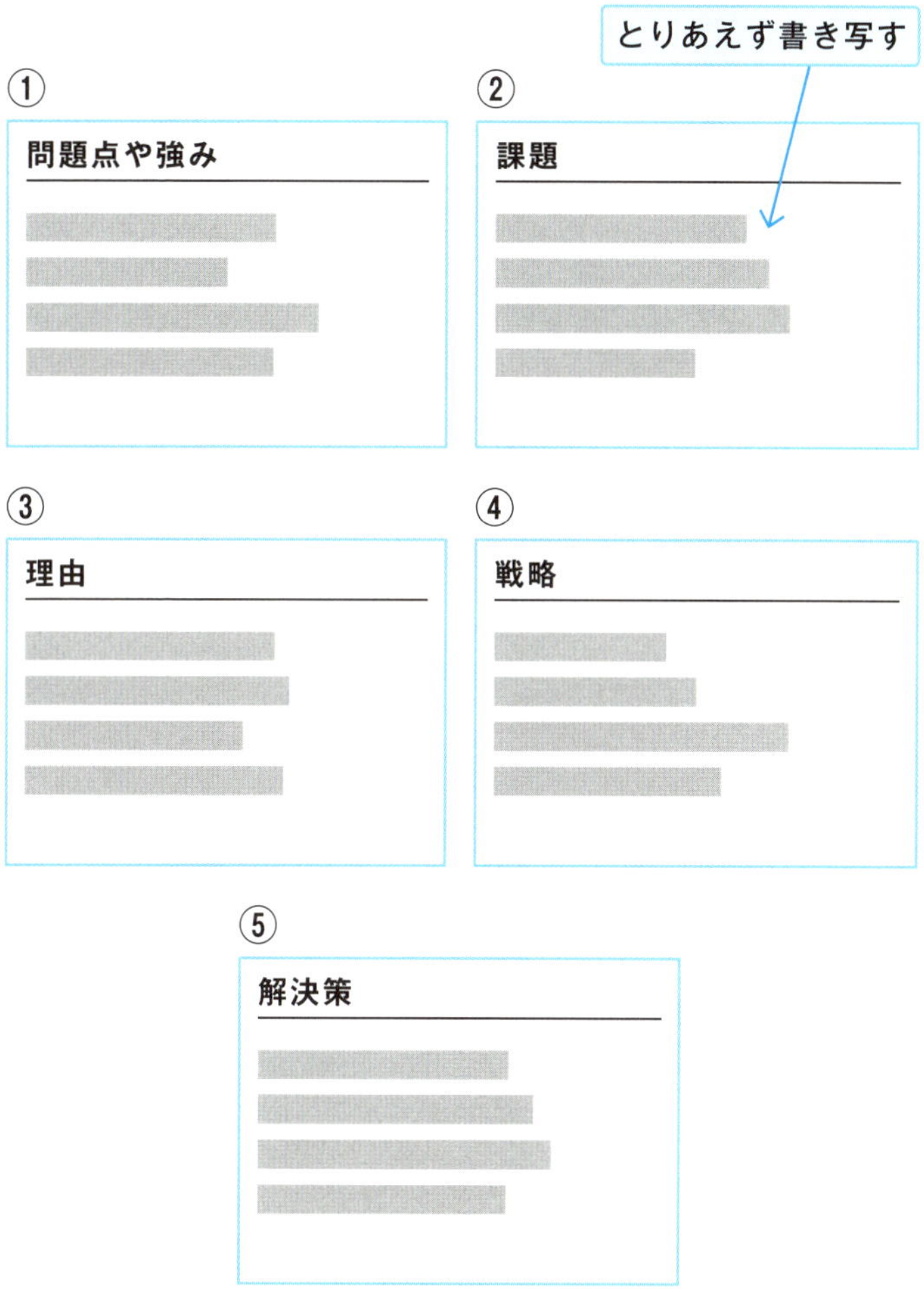

「課題」の前に1ページ増やすと説得力が増す！

プレゼンによっては、課題が明確に提示されており、それをそのまま課題として提示するやり方もあるのですが、経験から言うと、課題を独自に絞り込んだ上で、なぜこの課題に絞り込んだのか、「課題設定の考え方」を述べるというやり方が有効です。

なぜなら、こちらで課題をより明確に設定し直して、解決の考え方を述べていく方が、先方から与えられた課題をそのまま写すよりよく考えられているという感じがして、説得力が増すからです。

この方式の場合、「課題」の前に「課題設定の考え方」のスライドを挟むので、骨格のスライドは6枚になります。

課題設定の考え方

以上を踏まえつつ、「課題設定の考え方」を加えたスライドを床屋の例で見ていきましょう。

まずは、「問題点や強み」の部分はこう書き出しました（図11参照）。

強み

あのレトロなサービスを好きなお客さまもいる

- 床屋に魅力を感じている
  お客さまはまだいる
- 高齢化社会で
  シニアのお客さまは増える

外国人観光客が来店する店がある

- インバウンド客需要は
  バカにできない
- 外国人は日本のホスピタリティを
  感じたい

リボンフレームからコピペしたものを基本に、
削ったり見やすくしたりしてまとめていく

図11 問題点と強みの洗い出し

問題点

価格が高い

- 低価格の床屋チェーンが伸長、2極化が進む
- かと言って今さら低価格業態に転換はできない

美容院に取られている

- 日本男子もおしゃれになった
- 床屋の古臭いイメージはなかなかぬぐえない

↓

でも、美容院も
ネット予約競争で苦しんでいる

「課題設定の考え方」と「課題」の見せ方

次に、「課題設定の考え方」として1ページ作ります。

ここでは、ステップ❶と❷で行ったあなたの思考過程を、紙に書きます。

●課題設定の考え方

「売り上げ減少の理由は、美容院や低価格床屋に客が流れていることにある。そこで、美容院の良さを取り入れたり、低価格業態に転換する手もあるが、多くの競合が存在するので勝つのはむずかしそうだ。

今回のお題はそもそも床屋一軒の再生なので、大量のお客さまを獲得する必要はない。

それに老舗床屋の価値は消滅したわけではなく、その良さをわかるお客さまはまだいるはずである。そこで彼らをターゲットにするのがいいだろう。

であれば市場の流れを逆手に取り、老舗床屋の変わらない価値にもう一度焦点を当てるという設定にする」

●課題

「そこで課題は、老舗床屋の価値を生かし、わかってもらえる顧客を狙う、と設定した」

具体的にはスライドはこんなイメージになります(図12、13参照)。

それぞれに簡単な図を添えてみました。それにより、ビジュアル的にもわかりやすくなります。

「課題設定の考え方」では、市場の流れには逆行するけれど、老舗床屋の価値の良さをわかる人はいるんだという図を作ってみました。

そして「課題」の図は、美容院や低価格理容室という大きな勢力とは一線を画し、こちらはこちらの良さを提示して、わかるお客さまにアピールするという図になります。

「理由」と「戦略」の見せ方

次に、「理由」と「戦略」部分のページをどう作るか説明します。

方針

強みを生かす！

何故なら…
たくさんのお客さまを取る必要はない
レトロなサービスに魅力を感じる客もいる

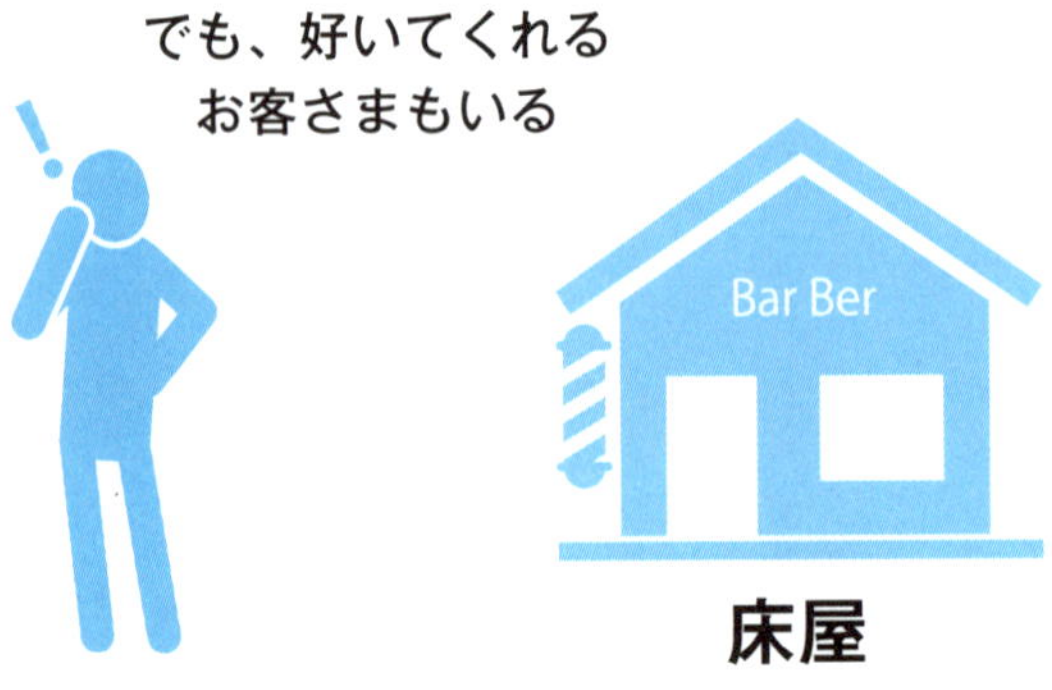
でも、好いてくれる
お客さまもいる
Bar Ber
床屋

図12

課題設定の考え方

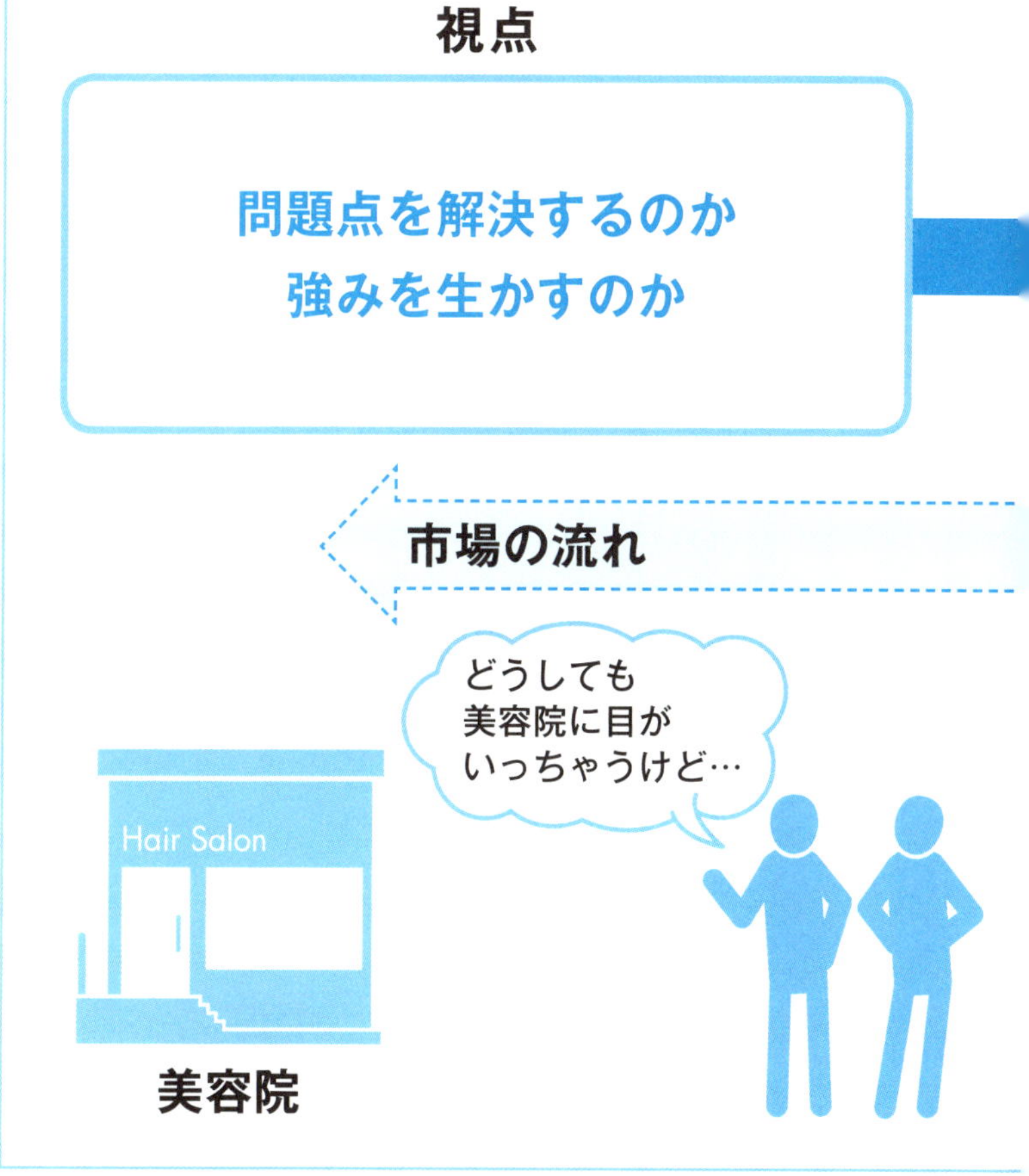
視点
問題点を解決するのか
強みを生かすのか
市場の流れ
どうしても
美容院に目が
いっちゃうけど…
Hair Salon
美容院

価値を生かし、
える顧客を狙う

S

図13

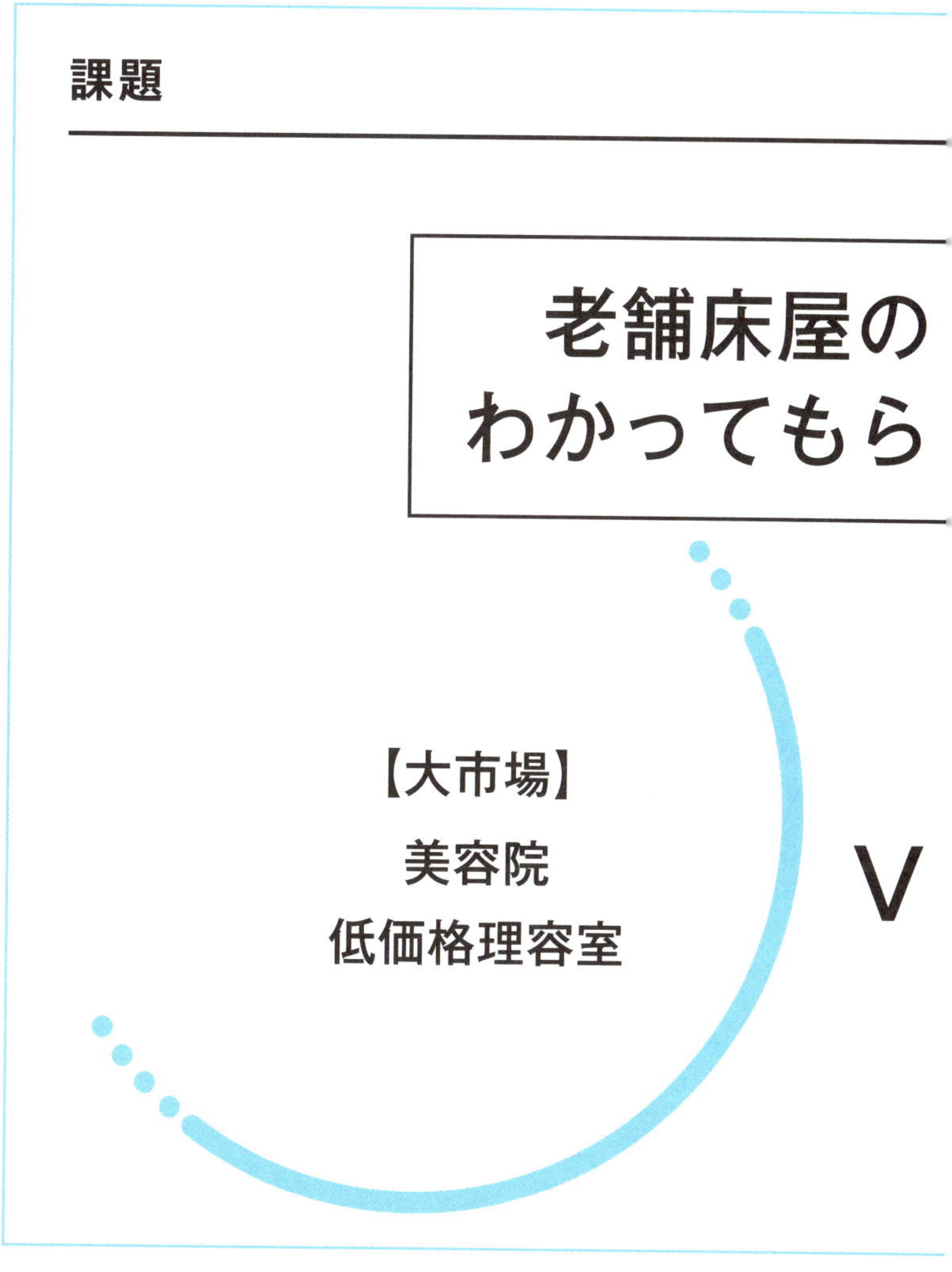
課題
老舗床屋の
わかってもら
【大市場】
美容院
低価格理容室
V

ここも先ほどの続きで、自分がどう考えたのか反芻しましょう。

ロジック3点セットでは、

課題は、「老舗床屋の価値を生かし、わかってもらえる顧客を狙う」。

戦略は、「インバウンドの外国人観光客を狙い、老舗床屋の価値をアピール」。

そしてその理由は、「外国人観光客こそが、日本独自の文化や習慣に触れることを求めており、老舗という強みを発揮できるから」でした。

なので、戦略の前の「理由」のページは、まず、「外国人観光客こそが、日本独自の文化や習慣に触れることを求めており、老舗という強みを発揮できる」とずばり言って、ビジュアルでその証拠写真をいくつか示し、戦略のページに渡します。

標題は、「理由」ではわかりにくいので、「戦略の考え方」に変えます（図14参照）。

次の「戦略」のページでは、まず「インバウンドの外国人観光客を狙い、老舗床屋の価値をアピール」とずばり言い、下に、その価値とは何かを「丁寧なサービス」と「レトロな雰囲気」と言い切って、それぞれのイメージ写真を添付します(図15参照)。

「解決策」の見せ方

最後の「解決策」は、リボンフレームで書いたことを若干補足してわかりやすくし、さらに詳細は次のページにという流れにします(図16参照)。

スライドはこの6ページを基本に増やしていく

さあ、これでスライドの骨格が完成しました。

すべてのスライドは、「問題点や強み」の洗い出し、「課題設定の考え方」「課題」「戦略の考え方」「戦略」、そして「解決策」という骨格でできていると言っても過言ではありません。

この根っこの部分はリボンフレームを使って考えていればかんたんに作れるようになります。

この骨格を基に、見出しについてはよりキャッチーなものに変えるなど工夫をしてもい

リボンフレームの〈理由〉
を言い換える

独自の文化や習慣に触れる という強みを発揮できる

写真やイラストがわかり
やすいので添付する

図14

戦略の考え方

外国人観光客こそが、日本
ことを求めており、老舗

リボンフレームの〈戦略〉
の内容をここへ

国人観光客を狙い、
価値をアピール

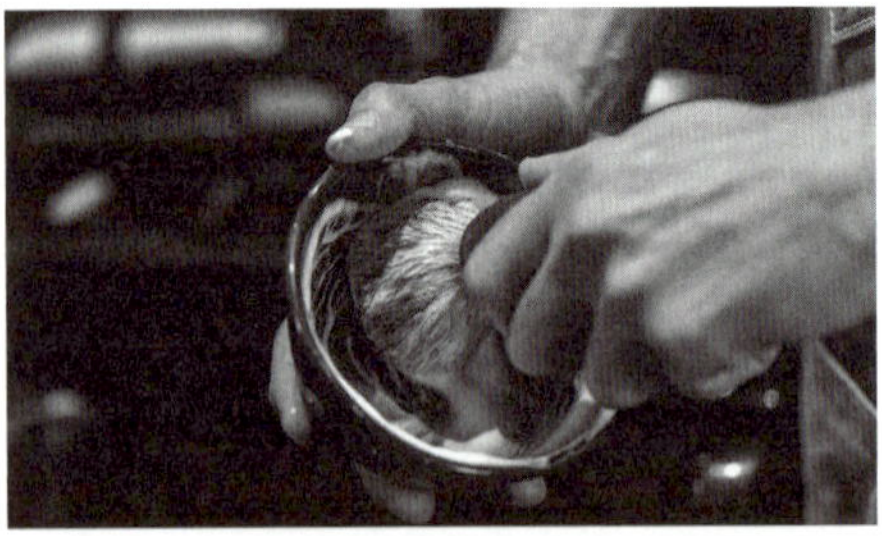

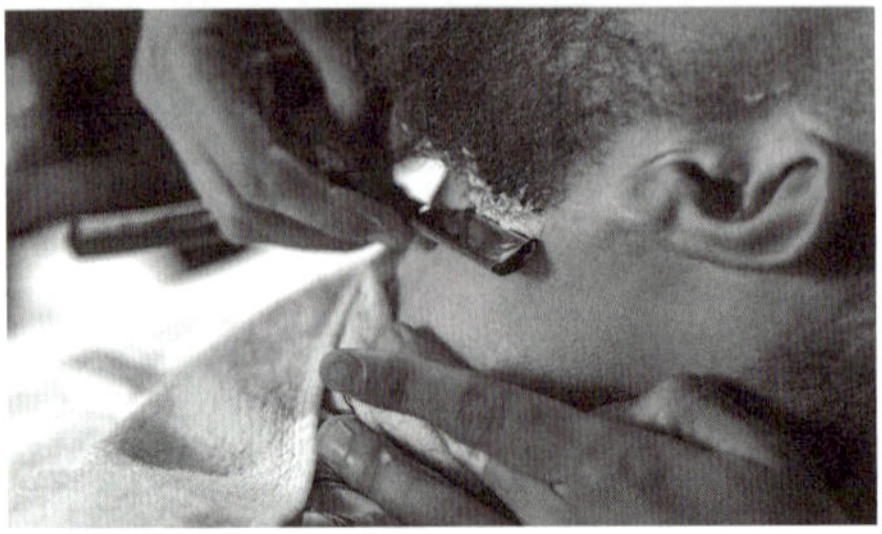

写真やイラストを
添えてもいい

図15

戦略

インバウンドの外

老舗床屋の

〈老舗床屋の価値とは〉

- 丁寧なサービス
  - ・ハサミと櫛でちょきちょき
  - ・熱いタオル
  - ・都度泡立てた石鹸と丁寧に研いだカミソリで顔全体をそってくれる
- レトロな雰囲気（日本文化、習慣を感じる）
  - ・使い込んでも手入れが行き届いた道具
  - ・伝統を感じさせる内装

リボンフレームの〈解決策〉
をもとに書き入れる

3.英語看板、POP

- 店頭に英語の立て看板やPOPを掲げ、日本の老舗床屋のエキゾチック体験ができるとアピール

4.インスタ映えシーンづくり

- パフォーマンスを写真や動画に撮ってもらい、エキゾチック感をSNSで拡散

この頁はイメージがふくらむように敢えて写真添付なし

図16

解決策

1.店内をレトロ仕様に改装

- 店が開店した時代の
大正ロマンを感じさせる
床や内装に
- レトロなポスターを掲出

2.顔剃りサービス

- フルフラットシートで
リラックス
- 石鹸の泡立てパフォーマンスや
カミソリの革研パフォーマンス
付き

いでしょう。

スピーチ原稿の作り方

プレゼンにスピーチ原稿は必要か？

次は、スピーチ原稿の作り方です。

よく聞かれることに、「プレゼンにスピーチ原稿は必要か？」というのがあります。

私の考えは、イエス！です。

通常、企画書は、キーワード化したり、短縮形や体言止め、図示などいろいろなテクニックを施して、短くわかりやすくしています。

が、このテクニックを施せば施すほど、何を言いたいのか、前後のつじつまはどうなっているのかを、プレゼン時には自分でも忘れてしまうことがあります。

そんなときのために、原稿をきちんと書くことが大切です。そうすれば前後の文脈をはずすことなく、企画書のキーワードや文章の説明をしっかりすることができます。

スライドと原稿をセットで見る

では、実際にどのようにスピーチ原稿を書けばいいのでしょうか。

スライドをパワーポイント（以下パワポ）で作っている人は、各スライドの下にノート（原稿）欄を表示させられるのはご存じですよね。図17のⒶ部分です。

私はここにスピーチ原稿を書きます。そして、「表示」で「ノート」を選ぶと、図18のように表示することができます。

そして印刷したものを見て、スライドとスピーチの内容とバランスをチェックします。

よくいますよね。元々しゃべりがうまくて、立て板に水のようにプレゼンできる人。

でも私はしゃべりがうまくないし、スライドに整理した文の背景や意味を忘れてしまうこともあるので、スピーチ原稿作りは必須です。パワポのこの機能は非常に役立つ武器になっています。

図17 パワーポイントの「ノート」を使おう

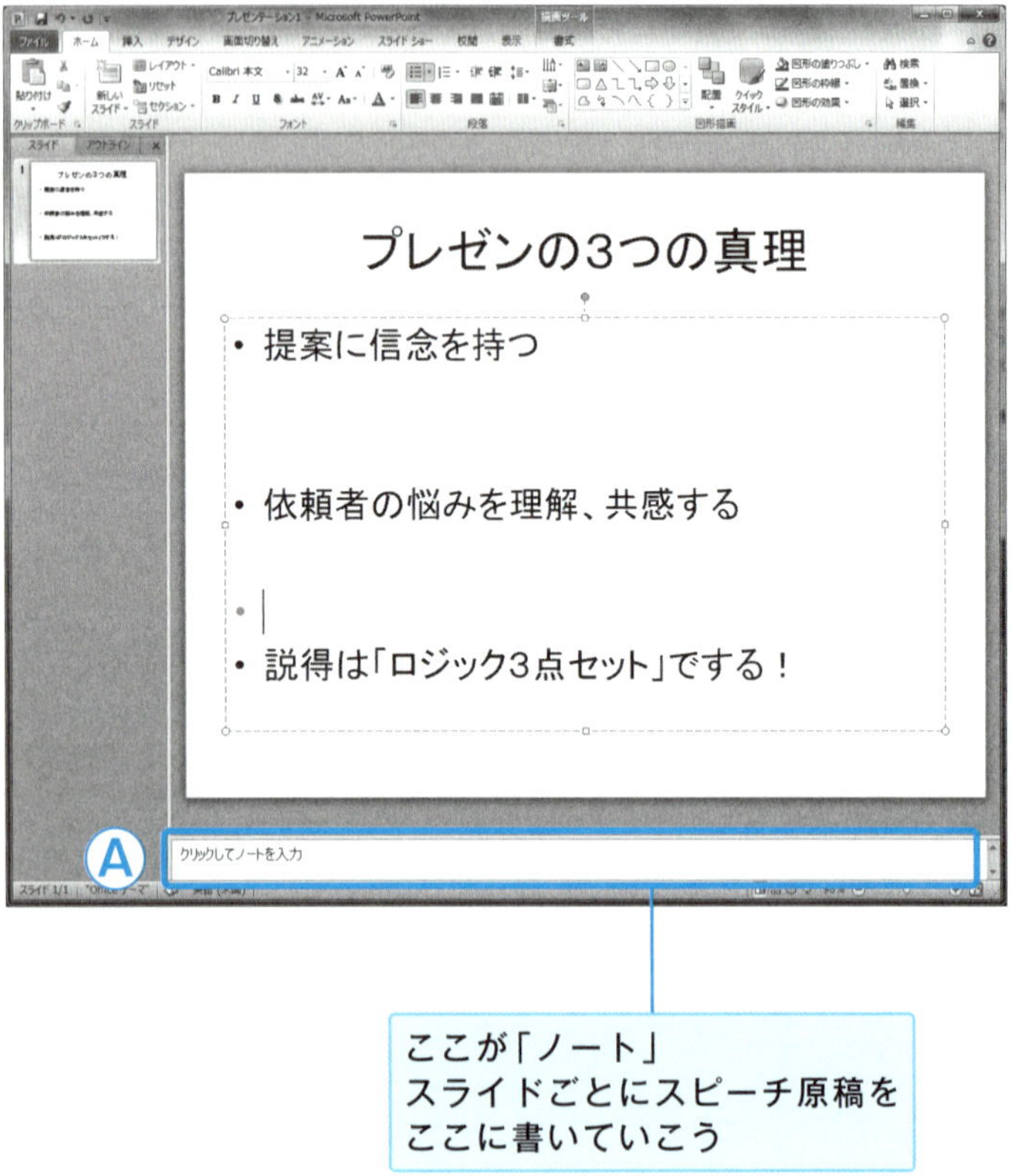
プレゼンの3つの真理
提案に信念を持つ
依頼者の悩みを理解、共感する
説得は「ロジック3点セット」でする！
A
クリックしてノートを入力
ここが「ノート」
スライドごとにスピーチ原稿を
ここに書いていこう

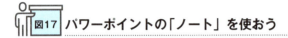

図18 印刷して確認したいとき

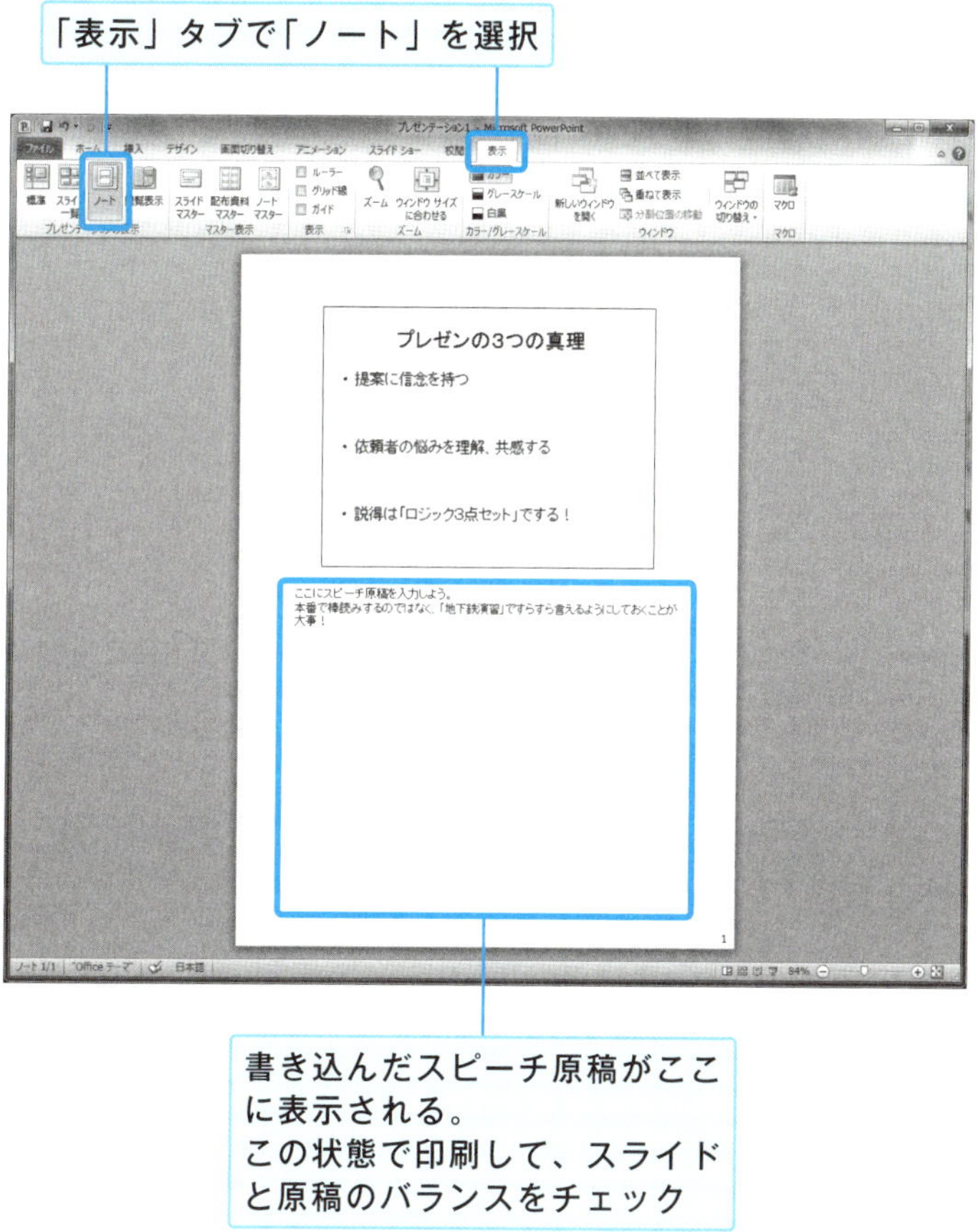

スピーチ原稿は一気に書け！

プレゼンは流れるように展開するのが理想です。

なので、**スピーチ原稿はプレゼンの場を思い浮かべながら、最初から最後まで一気に書き上げましょう。**解決策の詳細部分は、できていなければ後回しでもいいです。骨格の部分だけでもいいので一気に書きましょう。

「えっ、大変そうだな」って？　な〜に、原稿書きは意外に時間がかからないものです。なぜならここまでの作業で、あなたは頭の中では何度もシミュレーションしているからです。

テンションが上がっているときを見計らって、喫茶店などの邪魔されない環境で一気に書き上げるのがコツです。

スピーチ原稿の書き方例

問題点や強みの洗い出し

それでは床屋の例で説明しましょう。こんな原稿を考えてみました。

「はじめに現状の問題点や強みを洗い出してみました。

問題点ですが、**2つのポイントがあります。**

1つは、売り上げ減の原因として、料金が高いということが挙げられます。

サービスを分離して安く見せる工夫もありますが、すでに多くの床屋さんがやっており、決め手にはならないようです。

一方、QBハウスなど低価格の床屋チェーンが近年伸長しており、思い切ってそのフランチャイズになるという手もありますが、街にはその種の床屋が数件あり、今やっても差別化にはなりません。

2つ目は、お客さまを美容院にとられていることです。

これは今や日本の男性も髪型のおしゃれを楽しむようになり、床屋の画一的なサービスを古臭いと感じているからです。

かといって、多様な髪型やヘアカラーなどを提供する美容院的なサービスを取り入れたとしても古臭いイメージを払しょくするのは並大抵のことではありません。

それに、美容院も過当競争で苦しんでいます。ネット予約システムを取り入れ、何とかお客さまを確保しているようですが、元々小規模経営で薄利の業態のため、その広告費でなかなか利益が出ないようです。

このような傾向から見ると、今時の顧客ニーズに対応して美容院的なサービスを取り入れても、打開策にはならないと思います。

一方、強みについてですが、床屋ならではのレトロなサービスを受けたいと思うお客さまもいまだにいます。健康寿命が伸びていることから、床屋に慣れ親しんだシニア人口はなかなか減らないことが考えられます。

実は私も、街の床屋の前を通ると、たまにはあのレトロなサービスを受けたいと思うときもあります。

つまり、老舗の良さを打ち出せば、わかる顧客はいるということです。

また、今回いろいろ調べてみて面白い発見がありました。**それは、外国人駐在員が多く住む街の美容院で飛び込みの外国人観光客が増えていることです。**

なぜかというと、外国人同士のSNSでその評判を知って来るらしいのですが、日本のサービス品質の良さやホスピタリティに期待して来るのと、店の人と話ができて街のことか日本のことを知れるのが楽しいということです」

スピーチ原稿の書き方例

課題設定の考え方

「**そこで、今回の課題設定の考え方ですが、**基本的な視点として、問題点を解決するのか、強みを生かすのかが大きな岐路になります。

結論から申し上げると、「強みを生かすべき」と考えました。

お客さまが減っている一番の原因は料金が高いことと、日本人男性も女性並みに、いろいろな髪型やカラーリングを楽しむようになっており、そのサービスの主流が美容院であるため、床屋という業態が古くなっていることがあります。時代のニーズは美容院や低価格床屋に向かっているということです。

かといって、美容院で受けているサービスを取り入れるとか、ＱＢハウスのような低価格業態に転換するとか、安易に市場の流れに追随しても競合が多く、客数減の打開策にはなりません。

ポイントは、そもそも一軒の再生なので、大量のお客さまを獲得する必要はない。ニッチ戦略でいいということです。

であれば、市場の流れを逆手に取るという考え方はどうでしょうか。

つまり、老舗床屋の変わらない価値を光り輝かせる。わかってもらえる人を探すという課題を設定するという考え方です」

スピーチ原稿の書き方例
課題

「そこで我々は課題を、〝老舗床屋の価値を生かし、わかってもらえる顧客を狙う〟と設定しました」

スピーチ原稿の書き方例
戦略の考え方

「では、老舗床屋の価値をわかってもらえるお客さまとは、どんなお客さまでしょうか？この店がいい、このサービスがいいと思って、古くから店に来ている常連客？それもあるでしょうが、それだけでは今の客数減の打開策にはなりません。

我々が提案するのは、最近この街にも訪れるようになった外国人観光客です。

彼らは、日本に来て何を求めているのかというと、日本の文化や習慣に触れ、また日本人のホスピタリティに触れるのを楽しみにしているのです。

これに対し、老舗床屋のサービスはばっちりミートします。

そう、日本の老舗という強みを発揮できるからです」

戦略

スピーチ原稿の書き方例

「従って戦略は、〝インバウンドの外国人観光客を狙い、老舗床屋の価値をアピール〟となります。

では、老舗床屋の価値とは何でしょうか？

大きくは2つあると思います。

一つは、日本人ならではの丁寧なサービスです。床屋流ホスピタリティです。

例えば、はさみとくしで細かくちょきちょき、熱いタオルでリラックス、お客さまごとに泡立てた石鹸と丁寧に砥いだかみそりで顔全体をそってくれるなどです。

もう一つは、日本独自の文化を感じるレトロな雰囲気です。

例えば、使い込んでも手入れが行き届いた道具、伝統を感じさせる内装などです」

スピーチ原稿の書き方例

解決策

「そこで我々が提案するのは4つの重点施策です。

1つ目は、店をレトロ仕様に改装することです。例えば、床や内装をこの店ができた時代の大正ロマンを感じさせるものにします。

2つ目は、顔そりサービスです。まずは、石鹸の泡立て、次に、カミソリの革砥パフォーマンスを目の前で行い、フルフラットシートでリラックスしてもらい、そこで顔そりサービスをします。

3つ目は、英語看板やPOPの設置です。街を歩く外国人観光客の目に留まる派手なものを作り、〝日本の老舗床屋のエキゾチック体験ができる〟とアピールしましょう。

4つ目は、インスタ映えシーンを敢えて用意するということです。例えば、泡立てシーンや革砥シーンを写したり、顔そりシーンを店主自らが撮ってあげるなどして、彼らのS

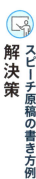

NS上で拡散させるようにします。

これだけでも、最初は半信半疑の外国人観光客も、評判が評判を呼び、新たなお客さまとして続々来店するのではないでしょうか。

えっ？　外国語はどうするのかって？　大丈夫ですよ。今は自動翻訳機が発達していますす。

彼らも携帯しているでしょうし、なくてもスマホで代替できます。店でも用意しておけば、コミュニケーションはできる時代ですし、第一、そういったやり取り自体が彼らは楽しいのですから。

さあっ、新しいお客さん開拓に思い切ってチャレンジしましょう！」

以上がサンプル原稿です。どうですか。こんなふうに理路整然と、しかも熱量を込めて言えれば、説得力がありますよね。

新人アナウンサーが視聴者にまっ先にチェックされること

さて、原稿を書いたら、一応安心しますよね。でもそこでプレゼン作業を終えてしまったらアウトです。

プレゼン時、この原稿を読み上げればいいかというと、それではダメです。

棒読みになってしまい、目ぢからも発揮できないので、自分の熱も言いたいことも相手に伝わりません。

テレビのニュース番組ではアナウンサーはニュース原稿を読んでいますよね。新人アナウンサーが棒読みでニュース原稿を読んでいて、見ているこっちが恥ずかしくなったことはありませんか？

視聴者は知らず知らずのうちに、そういうところをチェックしているものです。

一方、ベテランアナウンサーを見てみましょう。目線をなるたけ視聴者に合わせ、あたかも自分の言葉のようにしゃべり、要所要所で原稿に目を落としています。

「あっ、うまいな。でも、この程度なら俺もできそう」と思いませんか。

ここにヒントがあります。

プレゼンで重要なのは、原稿を書いたとしても、それをあたかもベテランアナウンサーのように、原稿から離れて、いかにサラで話せるかです。

「ん〜、それはちょっと私には難しいかも」と思われた方がいるかもしれません。

でも大丈夫。どんなに経験が浅い人でも必ず自然なスピーチができるレシピをこれから紹介します。

地下鉄演習のすすめ

アナウンサーのようにしゃべれるようになるメソッドとは？

それは「地下鉄演習」です。

えっ、地下鉄演習って？

いやっ、おおげさに書いて恐縮ですが、私はよく北京や広州の地下鉄に乗っているとき、プレゼンの場面を頭に思い浮かべて、スライドの一ページ一ページを説明する、**一人脳内**

シミュレーションをやっていました。

地下鉄という手持ち無沙汰な空間は、自分がプレゼンターとなってプレゼンを進めていく様子を思い浮かべる最高の環境なのです。

地下鉄演習をすると、不思議とプレゼンを進めている自分を客観的に捉えることができ、スライドの文言が適切か、しゃべる言葉が適切かがわかるのです。

そして、「ん～これはまずいな」と思ったら、すかさずスマホのメモ欄に気づいたことを記しておきます。そして、駅のベンチで、さくっとスライドと原稿を直すのです。

このように、地下鉄演習はスライドやスピーチ原稿のブラッシュアップに役立ちますが、それだけではありません。

このシミュレーションの結果、脳内で何が起きているかというと、スライドのページの擦り込み、そこで何をどう言うかというセリフの擦り込みがなされているのです。

だから、このシミュレーション後には、原稿を読まなくてもスライドを見るだけですらすら言葉が出てきて説明できる自分がいるのです。

これは、プレゼン時に、原稿の一字一句を間違いなく再現できるということではありません。「てにをは」が違ったり、時にはちょっと順序が違ったり……。

でも大丈夫です。大勢に影響はありません。ここまで来たら、「てにをは」などそんなことはどうでもいいのです。

もうあなたの脳内では、いかに迫力を持ってしゃべろうかという域まで考え始めているはずです。

これがプレゼンの最後の仕上げの極意です。この地下鉄演習を2回もやれば完璧です。

ここまでやる人は少ないからこそ、やる価値がある

プレゼン前の原稿書きや地下鉄演習について述べましたが、正直ここまでやっている人は私の周りでもほとんどいません。

理由は、スライドができた段階でみんな安心してしまうからです。

スピーチ原稿の作成まで進んでも、それが完成した段階で、安心してしまうのです。

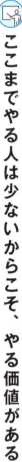

実はここに我々が陥りがちなワナがあります。企画職のワナと言ってもいいでしょう。つまり、自分の職務である企画や提案が、書面としてできあがった段階でホッとしてしまうのです。それは、責任を果たしたという気持ちになるからです。

また、原稿を書いた時点で安心してしまうのは、「ここまでやったから頭は整理されたのでもう大丈夫」と思ってしまうからです。

しかし、プレゼンは説得術であることをもう一度思い出しましょう。

その構成要素はスライドとスピーチの合わせ技。**そして、スピーチは説明の流麗さと熱意で決まります。**

それには地下鉄演習が一番です。

しゃべりが決してうまくなく、頭の連結がイマイチで凡庸な私は、何百回もプレゼンを重ねて、そのことの重要性に気がつきました。

私の感覚では、業界でもここまでやっている人は少ないです。いや、気づいていない人が多いと言っていいと思います。

逆に言えば、あなたが素直に実践すれば、大きくリードすることができるのです。

第4章

プレゼン作りの演習問題「新手のコーヒーチェーンを作る」

本章では、これまでの作業のおさらいを行います。

「新手のコーヒーチェーンを作る」をテーマにプレゼンするという設定で、一緒にリボンフレームを埋めていきましょう。

オリエンはこんな感じ

あるベンチャー企業の方から、こんな依頼を受けたとします。

「新しいコーヒーチェーンを作りたい。どんなコーヒーチェーンを作ったらいいか」

そこで、まずは紙メモ作りです。

頭に浮かんだことを吐き出しましょう。あなたも考えてみてください。

書き終えたら、次のページの紙メモ例を見てみましょう。


さて、どのくらいみなさんの考えたことと合致していましたか？　中にはみなさんの方が鋭い指摘をしているものもあるかもしれません。私はこれくらいしか思いつかなかったので、それはそれとして、次に進んでくださいね。

図19 紙メモの例

- 個人的にも喫茶店は復活していると感じる　例）ルノアール
- サードウェイブと呼ばれるコーヒーの味で勝負するところが増えている
- 味が勝負になっており、また、多様化が進んでいる
- スタバやドトールがどこも混んでいるのは、都心の若者やワーカーを取り込んでいるからだろう
- また、住宅街や駅前のコーヒーチェーンなどもシニア層でにぎわっている
- ファミレスも競合だな
- 全体として社会の喫茶ニーズは強い。問題はどこを狙うかだ
- 外食産業はどこも人手不足で大変だろう。人手が省ける仕組みも必要だな

次に世の中とのすり合わせ

次にリサーチや取材をして、紙メモを充実させるのでした。

ここで重視するのは、依頼主の想いです。依頼の背景をじっくり聞いてみると、この会社はITビジネスで稼いだ余剰資金を使って別事業を立ち上げ、第二の柱を作りたい、ついては、昨今のコーヒーブームに目を付け、外食事業に乗り出したいと考えていることがわかりました。

取材したことは、次ページのような紙メモ・ファイナルにします。

図20 紙メモ・ファイナルの例

- 個人的にも喫茶店は復活していると感じる　例）ルノアール
  →仮説通り
- サードウェイブと呼ばれるコーヒーの味で勝負するところが増えている
- 背景にはおいしいコーヒーを楽しみたいという強いニーズがある
- だが、参入過多で赤字のところや潰れるところも多い
- ターゲットから見ると、都心ワーカー需要でスタバやドトールなどはどこも混んでいるし、既存のコーヒーチェーンなど住宅街や駅前店も地元のシニアで混んでいる
  →仮説通り
- 隆盛の要因は、スマホやモバイルPCの普及で、都心ワーカーがそこで仕事をしようというニーズと高齢化社会で午前中から時間のあるシニアがそこでおしゃべりしたいというニーズから来ている
- デニーズやガストなどのファミレスはすでにシニアの需要を取り込んでいるとのことだ
- 高齢化社会でシニアをターゲットにする手もあるが、すでに各社が対応しているのが気がかり
- 一方、オフィスワーカーだが、これから働き方改革でオフィス以外で仕事をする人が続々と現れる
- ならば、そうしたリモートワーカーをターゲットにする手はあるな
- ただし、外食産業は人手不足で大変。人手が省ける仕組みが必要だ

↑

取材したことなどを書き加えて紙メモを充実させよう

ロジック整理チャートへの落とし込み

今度はこれを「ロジック整理チャート」に落とし込んでいきます。

私が依頼主の想いから考えたことをまとめます。


私は、コーヒーブームに目を付けたことは素晴らしいと思いました。

でも、サードウェイブブームだからといって、ただ流行に乗るだけでいいのでしょうか。

それは誰でも思いつきます。

大事なのは、コーヒーブームの真の理由を捉えて、時代の半歩先を行くものを提案することだと考えました。

そしてこれをプレゼンの課題設定で述べようと思いました。

〈解決策など〉

× ・味で勝負する
他と違うエキゾチックな味

× ・シニアを狙う
おしゃべりしやすい環境などシニアニーズに対応
ただし、各社すでに注力している

○ ・オフィスワーカーを狙う
今後、働き方改革でリモートワーカーが増加。チャンスが大きい

○ ・機械化、ロボット化を取り入れる
コーヒーロースターマシン、リモートメニューなど

図21 ロジック整理チャート

〈問題点や強みなど〉

- 個人的にも喫茶店は復活している
  →間違いなく喫茶店市場は伸びている
- サードウェイブと呼ばれるコーヒーの味で勝負するところが増えている
- 背景にはおいしいコーヒーを楽しみたいという強いニーズがあるが、参入過多で赤字のところや潰れるところも多いと聞く
- 大きなチェーンは総じて好調だが、オフィスワーカーの仕事空間ニーズとシニアのおしゃべりニーズをつかんでいるからではないか
- 新しいチェーンとなると、すでに強力な競合が多い
  スタバ、ドトール、UCC上島珈琲チェーン
  デニーズやガストなどのファミレス
- 外食産業は人手不足で大変。
  人手が省ける仕組みが必要

ここまでの作業で、リボンフレームの材料は揃いました。

リボンフレームの〈問題点や強み〉の部分はロジック整理チャートから書き写すだけなのでかんたんです。

問題はロジック3点セットをどう作るかです。

しかし、このような作業をしているうちに脳内では、どういうロジックで行こうか、大体方針が決まっているはずです。それを書き出します。

私が考えたロジック3点セット

ここで、私が考えたことは、〈課題〉は、「コーヒー市場のニーズの真ん中を捉えつつ、いかに市場のバキュームゾーンを狙うか」です。

そして、〈戦略〉は、「リモートワーカー需要を取り込んだ新しいタイプの仕事喫茶店」です。

その〈理由〉は、「働き方改革でリモートワーカーが今後急増する。それに対し、競合は彼らのニーズを十分取り切れていないと判断するから」です。

「また、昨今の技術革新でマシンやＡＩを使って、十分、省力化投資が可能」とみました。

これをリボンフレームに書き込んだのが図22です。

最後に解決策

あとは具体的な〈解決策〉ですね。４つのポイントを考えました。

一番の特徴は、座席をいわゆる図書館方式とすることです。
対面ではなく、一方向で席を作り、隣との間に仕切り板を立てることで境にします。
もちろん、Ｗｉ－Ｆｉ、各席に電源付きです。

次に、時間制の採用です。
利用時間を30分単位で設定し、利用時に何分利用するかを申告。
フードやドリンクメニューの料金と合わせて、店頭で決済を済ませます（できれば自動

図22 リボンフレーム

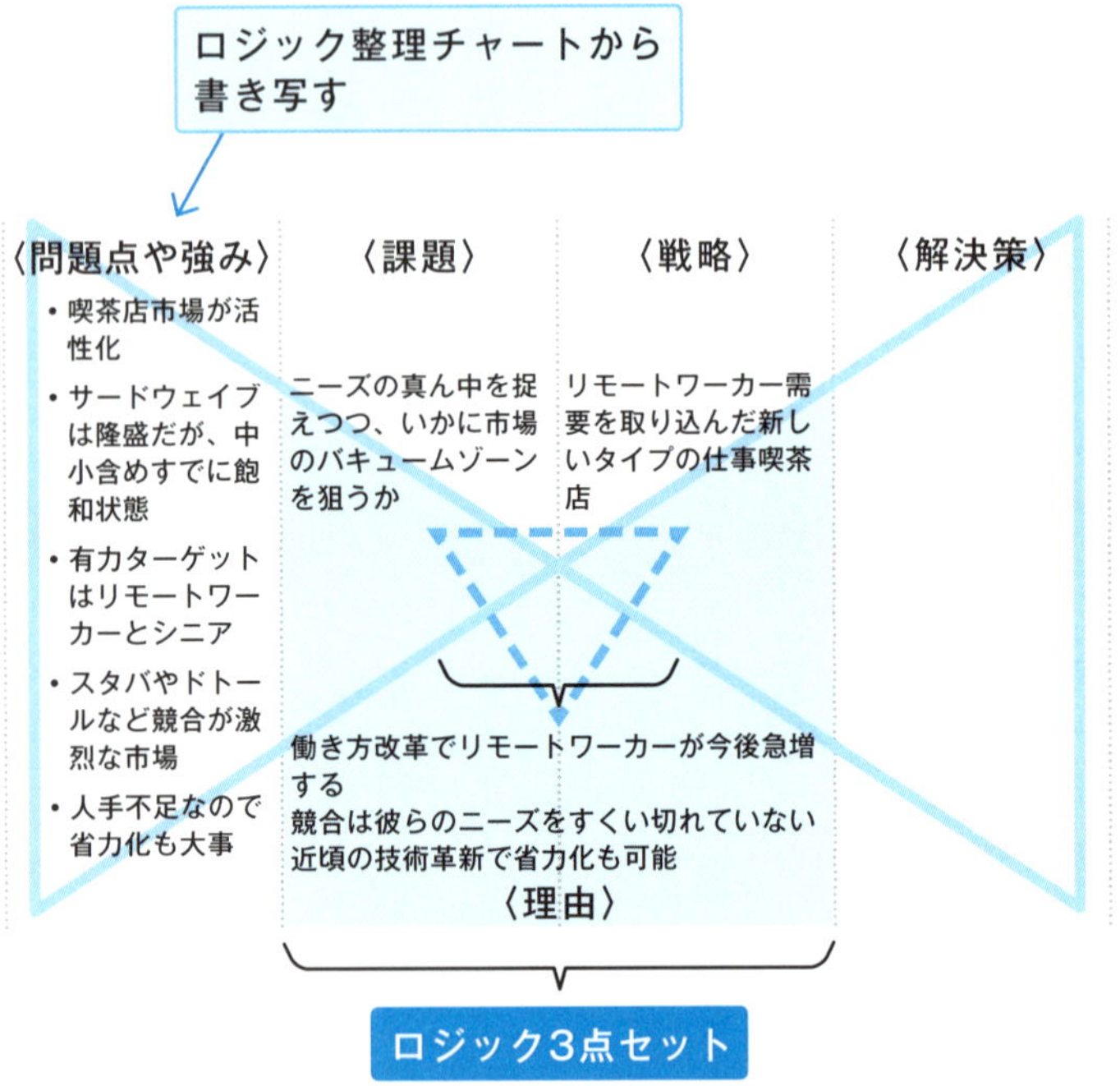
ロジック整理チャートから書き写す
〈問題点や強み〉
・喫茶店市場が活性化
・サードウェイブは隆盛だが、中小含めすでに飽和状態
・有力ターゲットはリモートワーカーとシニア
・スタバやドトールなど競合が激烈な市場
・人手不足なので省力化も大事
〈課題〉
ニーズの真ん中を捉えつつ、いかに市場のバキュームゾーンを狙うか
〈戦略〉
リモートワーカー需要を取り込んだ新しいタイプの仕事喫茶店
〈解決策〉
働き方改革でリモートワーカーが今後急増する
競合は彼らのニーズをすくい切れていない
近頃の技術革新で省力化も可能
〈理由〉
ロジック3点セット

販売機方式がいいですね）。

メニューには、つまめるお菓子や眠気覚ましドリンクなども置きます（図23参照）。

あなたの事例でやってみよう！

さあ、どうでしょう。リボンフレームは意外と簡単に作成できるとわかったのではないでしょうか。

この手法で1～2回作ってみれば、もっとコツがつかめると思います。

あなたの身の回りの事例でやってみてください。

図23 リボンフレームの完成版

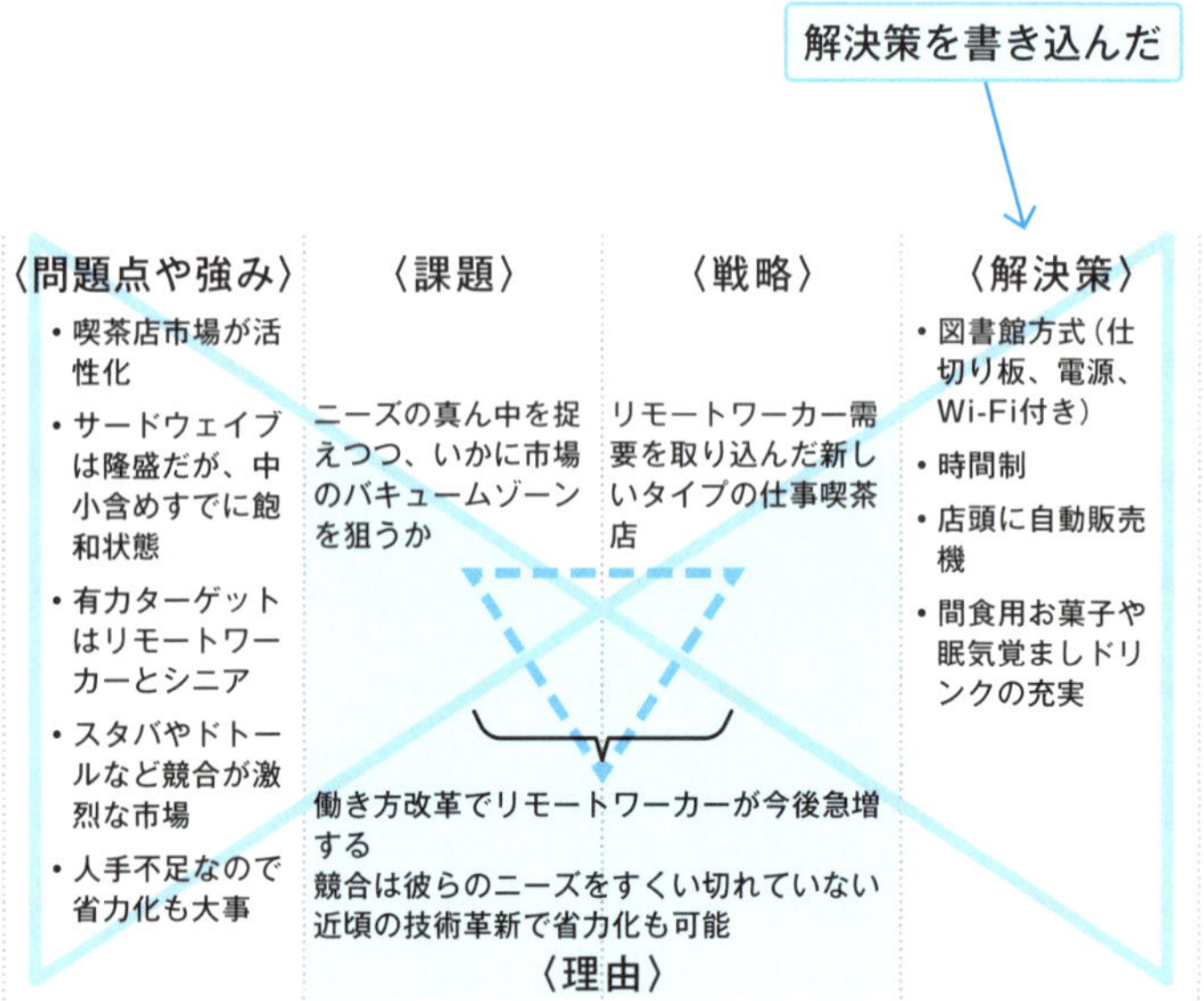

解決策を書き込んだ
〈問題点や強み〉
・喫茶店市場が活性化
・サードウェイブは隆盛だが、中小含めすでに飽和状態
・有力ターゲットはリモートワーカーとシニア
・スタバやドトールなど競合が激烈な市場
・人手不足なので省力化も大事
〈課題〉
ニーズの真ん中を捉えつつ、いかに市場のバキュームゾーンを狙うか
〈戦略〉
リモートワーカー需要を取り込んだ新しいタイプの仕事喫茶店
〈解決策〉
・図書館方式（仕切り板、電源、Wi-Fi付き）
・時間制
・店頭に自動販売機
・間食用お菓子や眠気覚ましドリンクの充実
働き方改革でリモートワーカーが今後急増する
競合は彼らのニーズをすくい切れていない
近頃の技術革新で省力化も可能
〈理由〉

Column

プレゼンは人間臭い行為

プレゼンって、実に人間臭い行為です。

例えば、「御社に明日はない」などと一方的にまくしたてると、正論だったとしても相手の共感は得られず、結局、選ばれません。

相手の面子を潰しては、プレゼンは決して勝てないのです。

だからこそ、第5章では相手を勇気づける情報や言葉の大切さについて述べました。やはり相手の気持ちにいかに寄り添うかが大事であり、それって人間臭い行為でもありますよね。

また、環境や時間的制約に応じて、臨機応変に対応するということも重要です。

社長プレゼンでよくあるのは、当日、突然時間がなくなってというケース。ある製薬会社の社長プレゼンでは、プレゼン自体はキャンセルにならなかったものの、60分の予定を15分でやれということになり、パニックになりつつも、何とかこなしました。

ちなみに、時間短縮は、リボンフレームを経て作業したプレゼンなら、臨機応変に対応できます。

ロジック3点セットが頭に擦り込まれているので、いわゆる「一言で言うと～」ができるからです。

それは、社長など時間のない人相手の場合に、とりわけ有効なやり方だと思います。

第5章

相手に刺さるプレゼンはシンプルな演出で決める！

地味でも確実に相手に刺さることだけする！

私がこれから紹介する演出法は、地味でさりげないものばかりです。でも、確実に相手にヒットする実践的なものです。

演出に趣向を凝らし過ぎると、肝心の中身があるように見えない、かえって空虚に見えてしまうということが往々にしてあります。

広告代理店では、いろいろな演出効果を仕込みつつ、1から10まで段取りを決めてプレゼンに臨んでいるのではないかと思っている方もいらっしゃると思いますが、私たちは案外そんなことはしてません（序文のケースは例外です〈笑〉）。

なぜかと言うと、そんなことをすると急な「省略」がきかなくなるからです。

プレゼンはナマモノです。途中で何が起こるかわからないし、当日、社長のスケジュールが変更になり、急にプレゼン時間の短縮を求められることなど日常茶飯事です。**そこでキメキメの演出を準備していると、急な変更に対応できません。**

また、パワポ禁止の企業が現れる背景にもあるように、演出作りに時間とコストを取られ、肝心のコンテンツがおろそかになっては本末転倒です。

派手な演出より大事なこと

このように、演出に気を奪われ過ぎてはいけないというのが私からのアドバイスです。**演出よりもプレゼン全体を通したトーン&マナー**というか、絶対に効く考え方があります。

それはたった2つのことです。

演出の基本スタンス❶ 相手を勇気づける

その一つは、**「相手を勇気づけること」**です。

相手が悩み事を打ち明けたとき、あなたは「こうしたらいいんじゃない？」と解決法をさりげなく提示するとともに、「そう悲観することないよ、大丈夫だって！」と相手を勇気づけもしますよね。このスタンスが大事なんです。

といっても、プレゼンでは、この「大丈夫だよ」をやみくもに言ってもだめで、提案に至る背景やロジックで説得することです。

つまり、相手に「チャンスはあるよ」、あるいは「チャンスを見つけた」というトーンで言い切ることが、とても大切です。

「勇気づける」を盛り込んだプレゼン例

では、この「勇気づける」をどう仕込むのか、それを盛り込んだプレゼン事例を紹介しましょう。

私がバンコクに赴任していたときのものですが、東南アジアへの新車ＳＵＶの導入についてのプレゼンがありました。

当時、東南アジアで国をまたいだブランド作りやコミュニケーションをはかりたいというクライアントが多くありました。

これをリージョナルブランディングと言いますが、今でこそ当たり前ですが、その端緒の時代でもあったんですね。しかし、これは言うは易しですが、そうたやすいことではありません。国によって、習慣、文化が違えば、発展状況も異なるからです。

そんな中、広告会社に期待されていたのは、国をまたいで成功するクルマのコンセプト作りでした。

私たちは国ごとに調査を実施、それを通じて、アジア各国のターゲットの共通点はこれだ！という「発見」をし、それをもとにブランドを作りましょうという提案をしました。

アジアの人の共通点として発見したキーワードは、一つは「家族重視の価値観」、もう一つは「強い上昇志向」です。

さらに、このクルマのターゲットである壮年期の男性の願望として、「オフは自由を満喫したい」を加えて3つです。

「我々は東南アジアの人々の3つの共通点を発見しました。

このクルマで、この3つをかなえることができるというブランド作りをしていけば、きっと各国の人々に受け入れられます！」

という提案をしたわけです（図24参照）。

この事例は、「発見感」を根っこに設定していて、クライアントが悩んでいるところを、

「こうすれば突破できます！」という、いわば「勇気づける」ということをしたわけです。

では、先ほどのコーヒーチェーンの事例に、この「勇気づける」を盛り込むために、私ならどうするかというと、**「戦略立案のスタンス」というスライドをつくり**、図25のような概念図を作ります。

スピーチ原稿としては、

「コーヒー市場隆盛の背景には、『よりおいしいコーヒーを飲みたい』というニーズの広がりがありますが、人々のライフスタイルの変化から見ると、2つの大きな流れもあります。

一つは、未曽有の高齢化社会の中で、元気な高齢者が、外でコーヒーでも飲みながら友達とおしゃべりしたいというニーズがあることです。

そしてもう一つは、オフィスワーカーがオフィスの外で仕事をするようになっており、ちょっとした仕事ができるカフェに大きなニーズがあり、そこがコーヒー市場拡大の根っこの要因になっています。

図24 スライドに相手を「勇気づける」ページを挿入

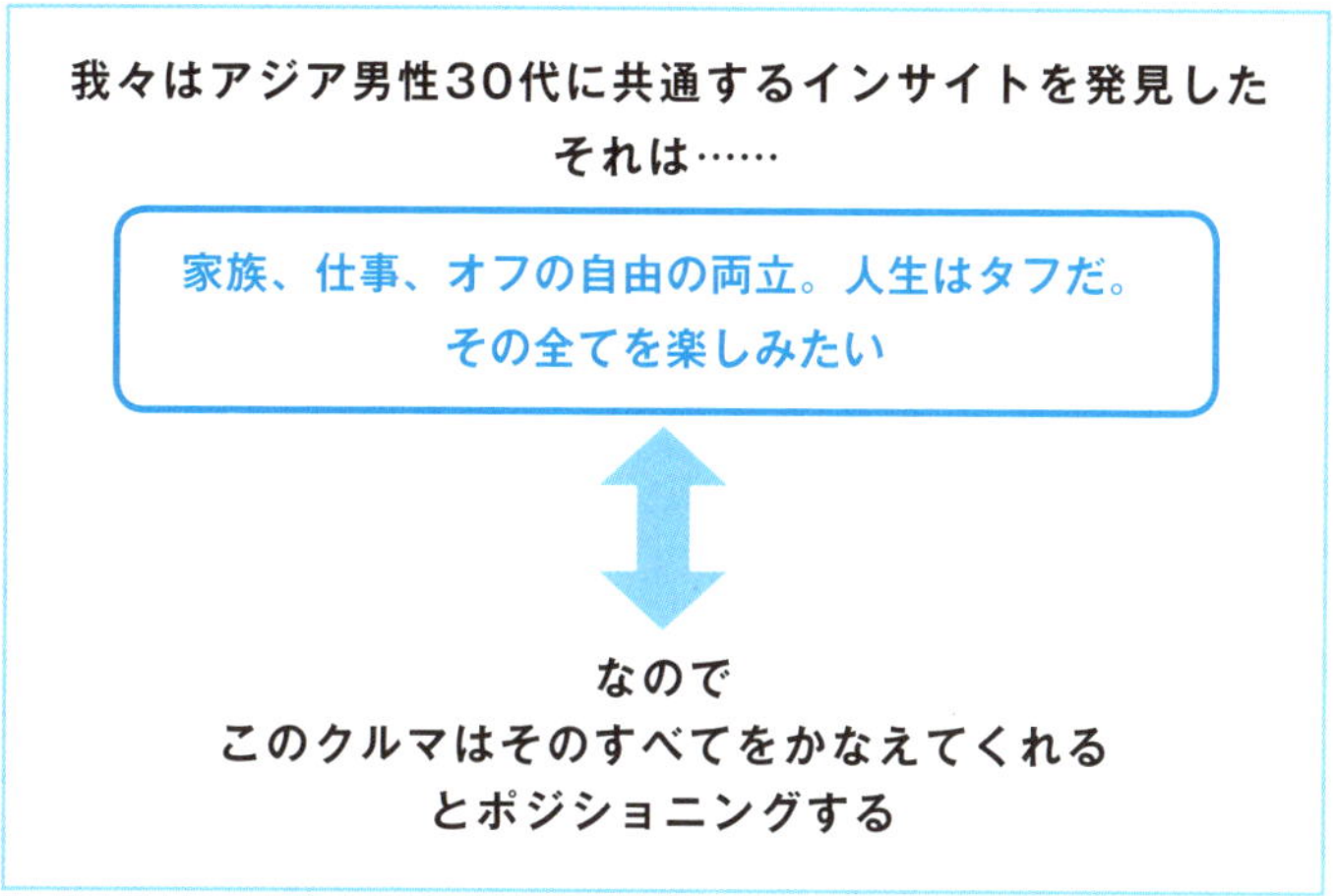
我々はアジア男性30代に共通するインサイトを発見した
それは……
家族、仕事、オフの自由の両立。人生はタフだ。
その全てを楽しみたい
なので
このクルマはそのすべてをかなえてくれる
とポジショニングする

図25 勇気づけるスライドを挿入

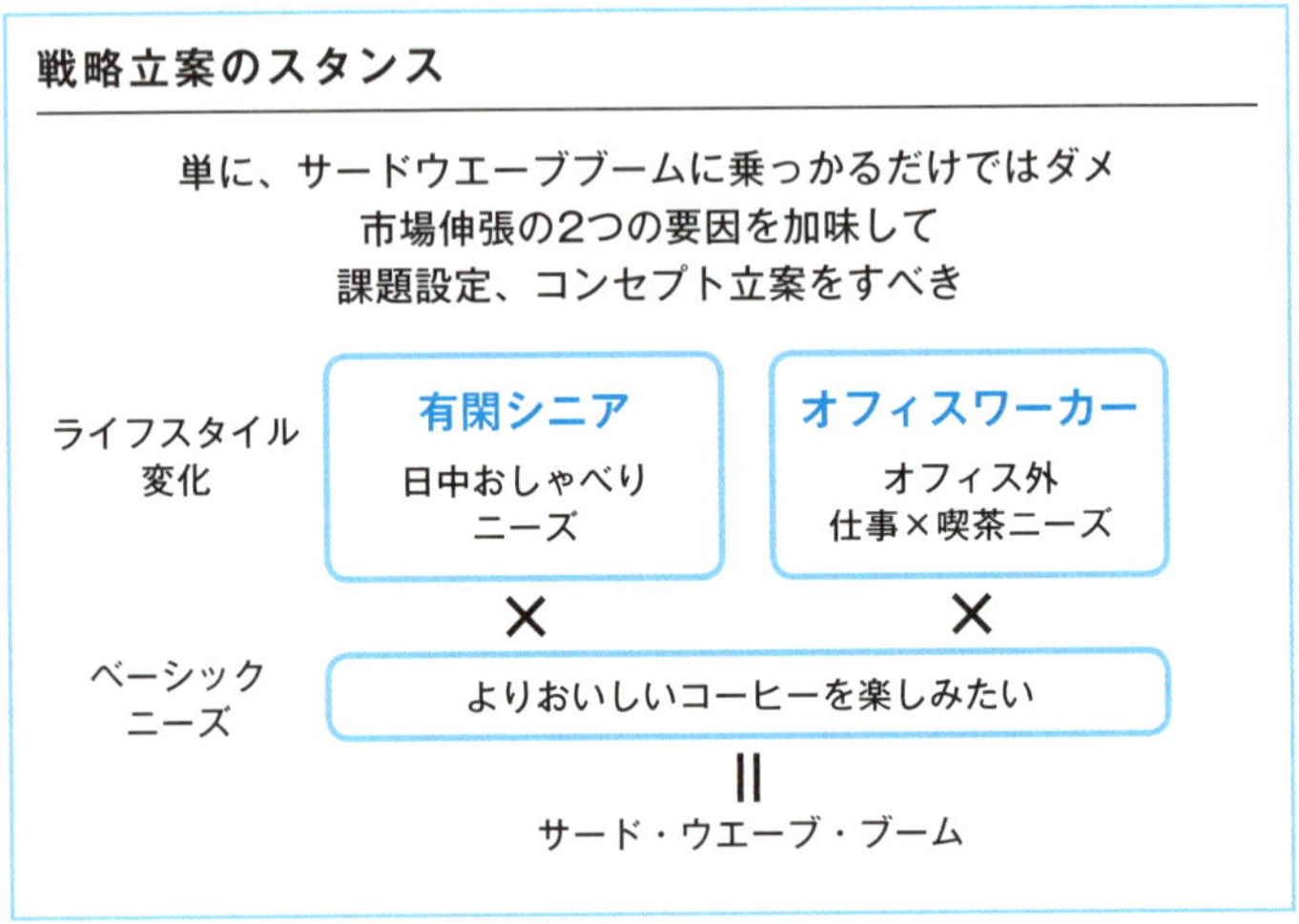

コーヒー隆盛の背景にはそういった人々のライフスタイルの変化があり、そこを見据えてコンセプトを打ち立てることが肝要です」

という感じです。

つまり、市場拡大の「本当の理由」はここにある、それを見つけたので、我々の提案は確実な需要を獲得できる戦略やコンセプトです、と言い切るわけです。

これは、他の人が発見していない「本当の理由」を発見し、相手を勇気づけているということになります。

演出の基本スタンス❷ 答えをすぐに見せない

「勇気づける」以外にも、重要なスタンスがあります。それは、「答えをすぐに見せない」ということです。

相手は自分の悩みに対する我々の答えをすぐにでも聞きたいはずです。

ところが、答えをすぐ言ってしまうと、それを言った瞬間、その後の情報には耳をすま

さなくなることが往々にしてあるものです。

そのために私がよく使う手としては、ヒント1→ヒント2→ヒント3と展開していき、「だから答えはこうなります」と答えを見せるというやり方です。

たしかに、プレゼンの基本は「相手の立場に立つこと」でした。

しかし、相手の立場に立つことを優先し過ぎると、答えを早く聞きたいという相手の気持ちを察知して、すぐ答えを言いたいという衝動に駆られてしまいます。

すると、つい口がすべって、答えのスライドの前に答えに充当する文言やキーワードを言ってしまったりすることがあります。

そうすると、いざ、答えはこれです！　の場面に来たときに、「ああ、さっき言ってたよね」と思われて、驚きや臨場感が薄れてしまうことがよくあるのです。口がすべってしまうことで後の企み、段取りが全く生きなくなってしまうのです。

ビジネスではよくありますよね。クライアントの前で、上司が前振りだけのはずだった

図26 ヒントをいくつか出してから答えを言う！

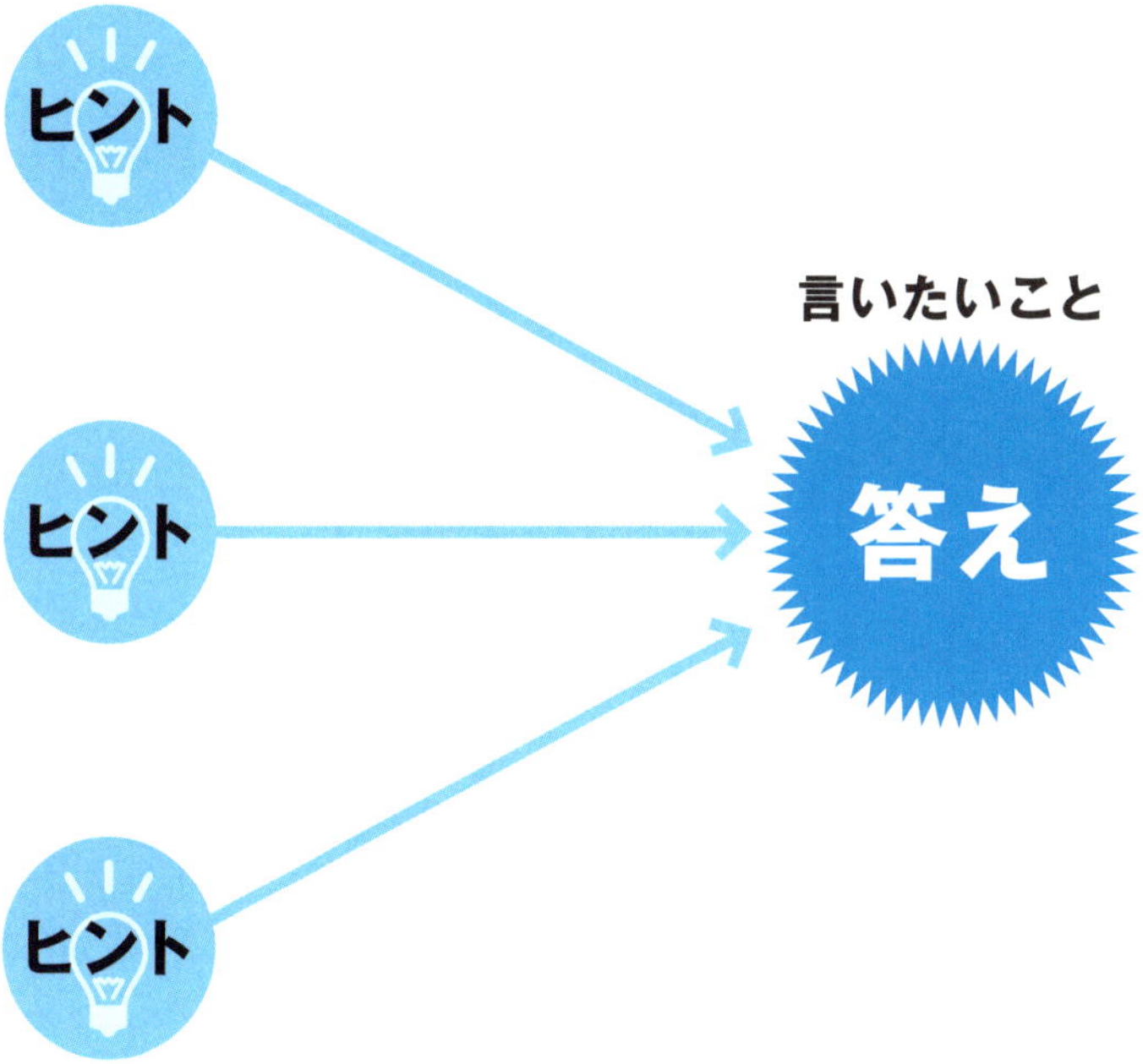

のに、答えや答えらしきものをしゃべってしまって、部下がしらけるという構図。

なので、プレゼンターとしては、そのことを踏まえ、できるだけ答えを言うのをぐっと我慢し、クライアントを引き付けましょう。


スピーチ原稿を書くというのは、その段取りを確認する作業でもあります。原稿書きとその読み合わせをすることで、**答えを徐々に見せる構成になっているか**を確認するのです。

そして、プレゼンのクライマックスで答えを明らかにしてからは、たたみかけるように、例えば解決策を説明していくのがコツです。

実践的な演出法❶

「結論ファースト」

さてここからは、実践的な演出法を2つご紹介しましょう。

46ページのコラムでも書いた通り、プレゼンの順番は最後より最初の方がいいというのが私の経験からの持論です。

しかし、何番目にプレゼンするかをこちら側が指定することはできないので、やむを得ず最後になってしまう場合もあります。

そんなときにお薦めするのが、「結論ファースト」という方法です。要は、最初の問題点と強み（現状分析）の部分を後半に持っていき、結論から入るというやり方です。

答えをすぐに見せないというスタンスと矛盾するのでは？　といぶかっている方もいるかもしれませんが、クライアントは、すでに他者のプレゼンで一つの答えを知っています。そこで、それをベンチマークにしてこちらのプレゼンを見ようとしています。そのようなケースでは、答えをなかなか見せないというのは、かえって答えにいたるまでのロジックを聞いてくれないという状況になりかねないのです。

そこで、プレゼンの冒頭でオリエン書の確認をした後、すぐに答えを言ってしまい、**「その理由は～」という形で進めた方が、先にプレゼンを終えたライバルとの違いが明確に擦り込まれるので効果的と言えます。**

スライドの順序で言うとこんな感じです（図28参照）。

どこかで見たロジックだと思いませんか？　そう、ロジック3点セットの順番を入れ替えているだけです。

図28 ときには「結論ファースト」も有効

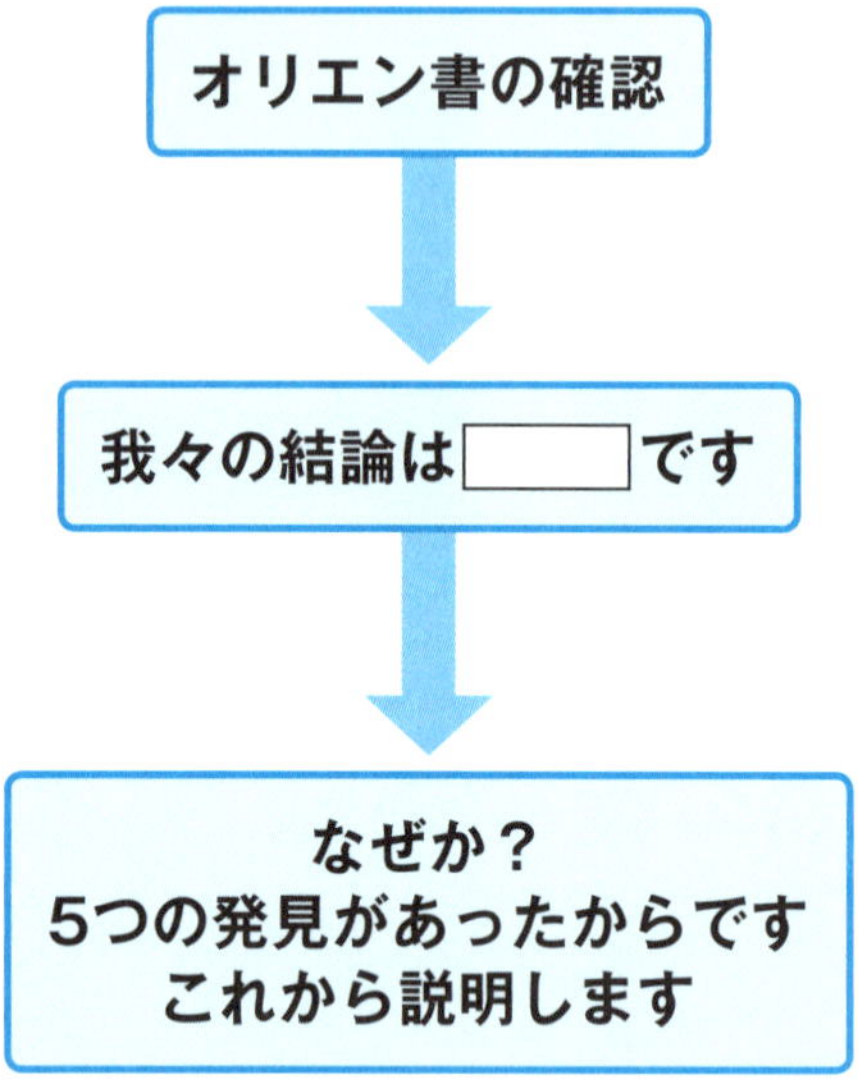

実践的な演出法❷「オリエン返し」

「オリエン返し」という演出法もあります。

これは、**「オリエン書にはこう書いてありますが、我々は違うと思います。そこを含めてご説明させていただきます」**から始まるような、プレゼンの仕方です。

これは奥の手です。

オリエン書の指示で合理的でない部分が時にはあるものです。それを逆手に取るわけですが、相手の不備というか、考え方を一部否定するわけですから、相手との信頼関係があるとき、かつ相手の期待が、自分たちが考えていることを否定されても構わないという寛容なスタンスである場合のみ使える、レアな手です。

この手法は、相手の気を引こうというのが見え見えになってしまう場合もあり、やぶへびになるリスクを伴います。

クライアントの悩み、思いを考え抜いた上で、「僭越《せんえつ》ながら申し上げる」という態度が重要なのは言うまでもありません。

あなたにもできる！

ここまで、「相手を勇気づける」「答えをすぐ見せない」「結論ファースト」「オリエン返し」という、ちょっとした演出法を紹介しました。具体的にはスライドの言い方や順番を少し変えるだけなので、誰でも対応できます。

くどいようですが、演出より大事なのは、どれだけ相手の想いをすくい取ったか。相手の悩みに応えるべく、いかに考え抜いて結論を出したかです。

いずれもロジック3点セットができていれば大丈夫。説得力のあるプレゼンができるはずです。

相手はあなたに誠意を感じ、真剣な答えを提示してきたという熱意も伝わります。

それで十分、相手に刺さるプレゼンになります。

終章

リベンジ——電通との一騎打ち、再び

２０１×年×月×日午後10時、携帯電話が鳴った。インドに駐在している博報堂の営業担当者からだった。

「**須藤さん、勝ちましたよ。プレゼン！** 今しがたT自動車の担当から連絡がありました！」

「えっ、そう！　それは良かったねえ」

まるで人ごとのような受け答えをするのが精いっぱいだった。本当は心底うれしかったが、後輩の手前、あまり喜びすぎるのも恥ずかしいという気持ちがあったからだ。

何はともあれ良かった。

この世界、ともかく勝つことがすべてだ。

プレゼン2か月前の会議での話。

「今回のプレゼン、正直言いますと、ウチが勝つ確率は低いだろうと思います」

と東京の営業担当者。

「そうだよね。現地では電通さんに比べて、ウチはすでに担当車種をかなり持っているものねえ」
「でもね、ウチらしいプレゼンをやりたいんですよ、須藤さん!」
「そうだよね」

T自動車は、「世界最適調達」というポリシーを持っている。これは部品調達会社から広告会社まで、複数の協力会社を活用するというもので、彼らに競わせることと、過度に一社に肩入れすることを避けるという文化だ。

そのことを考えると、今回のプレゼンで勝つのは難しいと営業は考えたわけだ。

ではなぜ勝ったのか。

プレゼン1週間前、インドでの準備作業はヤマ場を迎えていた。例によって、我々は再三再四オリエン書を穴のあくほど見返しては議論していた。

それは、非常に緻密な分析がなされ、よくできたオリエン書だったが、ただ一つ大きな問題点があった。

課題の設定が、我々の分析と異なるものだったのだ。具体的には、今回のターゲットは、従来ターゲットと新興ターゲットの2種類あり、後者の新興ターゲットに重点を置いてアプローチするとあったのだ。

しかし、集めた情報をロジック整理チャートに落とし込み、分析を進めれば進めるほど、本命は従来ターゲットではないかと我々は考えた。

では、なぜ先方はこのようなターゲット設定にしたのだろうか。後発だから？　販売目標が高かったから？　現地ローカルと日本人で意見のくい違いがあったから？

我々はクライアントの考えていること、悩んでいることに思いをめぐらした。

コミュニケーションでもっとも陥ってはならないことは、「二兎を追う」だ。

「二兎を追う者は一兎をも得ず」

これは昔からの経験則で、我々もよくわかっていた。

「電通は何が何でもこの案件を取りに来るだろう。先方のオリエン書に従った案で来るはずだ」

「よし！　それなら我々は、我々の言いたいことを言おう！」

「負けて元々、その方がさわやかではないか」

いわゆるオリエン返しになるが、それでもいい。

課題（のターゲット）を絞り込むべきだと、こちらの腹は決まった。

幸か不幸かプレゼンの順番は最後だった。

「クライアントは、もはや市場分析がどうだこうだは聞きたくないだろう」

「よし、今回は結論ファーストで行こう」

このようなやり取りがあり、プレゼン当日を迎えた。

プレゼンは1時間遅れで始まり、もうあたりは暗くなりだしている。

時間は1時間厳守だ。戦略部分は25分きっかりで終えた。

幸いクライアントは最後まで熱心に聞いてくれた。まずは、我々の想いがうまく伝わった感じだ。後は我々の考えてきたことが、彼らの悩みをすくい取っているかだ。

結果は――我々の勝ち。

クライアントのフェアなジャッジがありがたかった。

プレゼンには演出がつきものだ。しかし、それは勝利の遠因ではあっても、要因にはならない。

今回の我々のプレゼンは、演出と言っても、特別工夫したのは結論ファーストとオリエン返しぐらいだろう。

プレゼンで一番大事なのはやはり、相手の悩みをすくい取り、それを受けて自分たちが考え抜いたことがクリアに言えているか否かだと改めて確信した。

おわりに

プレゼンで人生を変えよう

プレゼンができると何が変わる？

相手に刺さるプレゼンができるようになるということは、「こいつできるし、やる気もあるな」と見られることです。

なぜなら、プレゼンは本質的には説得であり、提案なので、「絞り込み」「ロジック3点セット」の基本作業を通じて、**プレゼンターは知らず知らずのうちに提案術や説得術を身につけることになります。**

もう一つは、さまざまなテーマを掘り下げる経験を通じて、そのテーマに関して深く考えることになり、**周囲の中でそれについての〝第一人者〟になれるからです。**

それらが、これからますます複雑化する社会を泳いでいく上で役立つことは間違いありません。

プレゼンを通して、あなたの深く考え、積極的に提案する姿勢に、相手は心打たれることでしょう。

このメソッドで何が身につくのか

では、もっと具体的に本書のノウハウを身につけると、どんな力がつくのか、改めて考えてみましょう。

①自分で考える習慣がつく

私がもっとも大事にしたのは、このことです。

誰もが世界中の情報や知識をインターネットで手に入れられるようになって以来、知らず知らずのうちに、自分の頭で考えることをおろそかにしていないでしょうか。

逆に言えば、**自分の頭で考える習慣がつけば、他の人と差がつけられる時代**とも言えそうです。

本書では、人から相談を受けたときに、まず自分の頭で考えることの素朴な重要性を示しています。本来は人間誰しもがやっていたことなので、意識づけさえすれば、あなたも十分習慣にできるはずです。

②決断力がつく

本書では、収集した情報をロジック整理チャートに落とし込んだ後、課題を絞り込むことが重要だと説明しました。

なぜかと言うと、どんな経営者も迷っているからです。

物事は複雑に動いており、問題点や要因も多岐にわたり、さらに情報も多すぎて、意思決定をする人たちは何を信じていいかわからなくなっています。

私だって、いつもそれに翻弄されています。そんなときでもビシッと決断するメリットを本書では強調しています。

決断はあなたの信念に従えばいいのです。

そして、決断の経験を積み重ねることによって、次第に自信がついてくるはずです。

③説得力がつく

説得力の源泉は、ロジカル・シンキングです。そして、プレゼン作りのキモは、ロジック3点セットを作ることです。

ロジック3点セットは、人間同士のシンプルな説得会話から来ています。

ロジック3点セットは、すべての人間に通用することを、私は海外で身をもって体験しました。

ですから、**プレゼン作りでは、本書で解説した3点セットを思い描き、「一言で言うと？」を自問自答するようにしてください。**それだけで、ロジカル・シンキングが磨かれ、普段の会話でも、周囲の人のあなたを見る目が違ってくるはずです。

④イノベーション脳が鍛えられる

私はこれがプレゼンを引き受けることの最大の効用だと思っています。

現代は、第4次産業革命の真っ只中にあるといわれています。

ざっくり言えば、既存の生産はITやAIに任せて、人間はより高度な知的創造行為、すなわち新しいことを生み出す役割を担うようになるということです。

そのとき必要なのは、「イノベーション脳」です。これは、私の造語ですが、イノベーションを生み出す思考法のことです。

世間では、AIに仕事を奪われるとか、人間にしかできないこととは何かなどの議論が騒々しいですが、私は、本書でやっている作業の大部分は、将来も人間にしかできないことだと思っています。

どういうことか説明します。

本書のメソッドをざっくりと分解すると、①情報収集と要約、②構造化、③絞り込み、④課題概念化、⑤解決概念化、⑥解決策に分かれます。

この中で、①情報収集と要約の部分は、これからはＡＩにお任せですが、それ以外の部分は相変わらず人間にしかできないのではないでしょうか。

つまり、本書のメソッドが、**リボンフレームを土台にして、今までなかった戦略や解決策を導き出す、あるいは、何と何を組み合わせれば、世の中にない画期的なものができるのかという思考のダイナミズムを磨くトレーニングだとすると、将来を生き抜く非常に重要なノウハウだということになります。**

そうです。元々プレゼンは提案行為であり、言い換えれば新しいことを作る行為でもあるのです。

プレゼン作りの技術を身につけることは、あなたのこれからのキャリアプランの武器になると私は確信しています。

グローバル人材の必殺スキルは「ロジカル・シンキング」

これから世界はさらなるグローバル化が進み、グローバル人材の必要性が叫ばれるようになると思います。

私もその先兵として、海外に住み、海外の人々と交わり、ビジネスを推進してきました。

グローバル人材の要諦とは何でしょう?

まずは語学力からと言う人もいますが、私は語学ではないと思います。

世界のＡＩ競争でどこにイノベーションが起こるかというと、その一つは間違いなく自動翻訳の分野です。識者によると、今後5年で国を超えたテレビ会議では、あらゆる言語が瞬時に翻訳され、会話が進められる時代が訪れるとのことです。

そのとき、語学は必須スキルではなくなります。これは大きな変化です。小学校から社会人になるまで約十数年間、私たちは英語学習に時間を割かなければなりませんでしたが、その必要がなくなるのです。

英語力より私が大切だと思うのは、ロジック3点セットです。異文化の人々との会話や説得は、「○○だから、○○する（しよう）」という思考パターンや会話で相手に理解してもらい、相手を動かすのが基本なのです。

そのとき、本書で身につけることができる、ロジックを作りながら自分の言いたいことを明確にする技術が必須スキルとなります。

私の言っていることは、決して大げさでもなんでもありません。なぜならみなさんに先駆けて私自身が体感してきたことなのですから。

相手に刺さるプレゼンができるということは、**世界で通用するロジカル・シンキングと説得術**が身についたということを意味するのです。

どんな小さなプレゼンでも積極的に引き受けよう！

もしチャンスがあれば、どんな小さなプレゼンでも引き受けましょう。**そして、リボンフレームを使ってみてください。**

「プレゼンターを任されるようなチャンスなんて、そうそうないよ」。あなたは、そうおっしゃるかもしれませんね。

おっしゃるように、プレゼンターは重要な役回りですから、あなたが信頼を得るまではなかなかその役がやってこないかもしれません。

だからこそ、小さなプレゼンをお薦めします。小さなプレゼンなら「君に任せるよ」になりやすいし、自分のペースで進めやすいからです。

そうすれば、だんだんと大きなプレゼンも任されるようになるでしょう。

大きなプレゼンの難しさ

すでにそこそこの大きなプレゼンを任されている方もいらっしゃるかもしれません。大きなプレゼンの難しさは何でしょう。

第1章で触れたように、それは関係者の多さです。あれこれ口を出してくる人、役割分担で、自分の前後でプレゼンを受け継ぐ人などさまざまな人が介在してきます。

大きなプレゼンはチームで進めるもの。いろいろな意見を集約しながら一本化しなければなりません。この一本化の行為はかなり大変なものです。しかし、一本化しないとプレゼンは成立しません。なにせ絞り込みが命なのですから。

そこで、リボンフレームの出番です。**リボンフレームによって、今までの意見を集約、可視化し、そしてロジックで説明しきることによって、あなたが主導権を取るのです。**それを繰り返しているうちに、周囲はあなたに絶大な信頼を寄せるようになるでしょう。そうなったらしめたものです。

しかしそれまでは、忍耐、説得などいろいろな試練があるでしょう。でも一つ一つがあなたの血肉になります。

それも含めて、プレゼンを丸ごと体験することで人間としての器が一まわり、また一まわりと大きくなっていくはずです。

自分のプレゼンをやろう

恥ずかしながら、1000回以上プレゼンを重ねた私だって、今でも緊張します。

相手に刺さっているか、相手はどう出てくるか、どういう質問が来るか、そもそも相手はどういうタイプの人か。プレゼンは、人間対人間なので当然です。

そのとき、唯一、自分の味方になるのが本書で紹介したプレゼンのメソッドなのです。

自分の頭で考える。
世の中との擦り合わせをする。
自分の言いたいことを決める。
ロジック3点セットを作る。
スライドとスピーチ原稿を書く。
最後に地下鉄演習をする。

このプロセスを経ることで、あなたの心には、沸々とした自信が湧いてくるのがわかるでしょう。

この心地よい緊張感は頭を研ぎ澄まし、プレゼンを経るたびにその体験が確実に自分を成長させます。

今日から機会を見つけて、あなたなりのプレゼンを実践してみてください。

この本を読んで、少しでも「な~んだ」と思ったあなたなら、すぐできるはず。

応援しています。

謝辞

「須藤さん、あなたが書くべきは、プレゼンの本です」

え、プレゼンですか!? 私は驚いた。

その頃、私はある別のことを書きたいと思っていて、出版のプロである鬼塚忠社長に相談していた。そこで、氏からあなたが書くべきはプレゼンだと言われてしまったのだ。

でも、考えてみればその通りだ。プレゼンは35年以上、私が毎日のように取り組んできたことで、私の天職とも言えること。プレゼンについてなら、読者のみなさんに役立つことをしっかりと伝えることができる。

温めていた別のテーマのことはいったん忘れて、博報堂での私の経験、気づきを書きはじめた。気をつけたのは、**本当のことだけを書くということ**。他の本は一切参考にしなかった。そして、受けを狙ったような表面的なテクニックだけを教える本にしないことも心がけた。

世の中にそんな本はいっぱいあるが、**「プレゼンの中身」についてこそが掴み取ってほ**

しいノウハウだ。

この本のヒントをくれたアップシード・エージェンシーの鬼塚忠さん、原田明さん、そして、ダイヤモンド社の木山政行さん、真田友美さんには、つたない私の文章と構成を流れるようなものに変えていただいた。素晴らしいタイトルも考えていただいた。

正直、この本は私一人では到底作れなかっただろうと思った。

感謝の念にたえない。

あらためて御礼申し上げる次第です。

須藤亮

〈ロジック整理チャート〉

問題点や強みなど	解決策など

〈ロジック3点セット〉

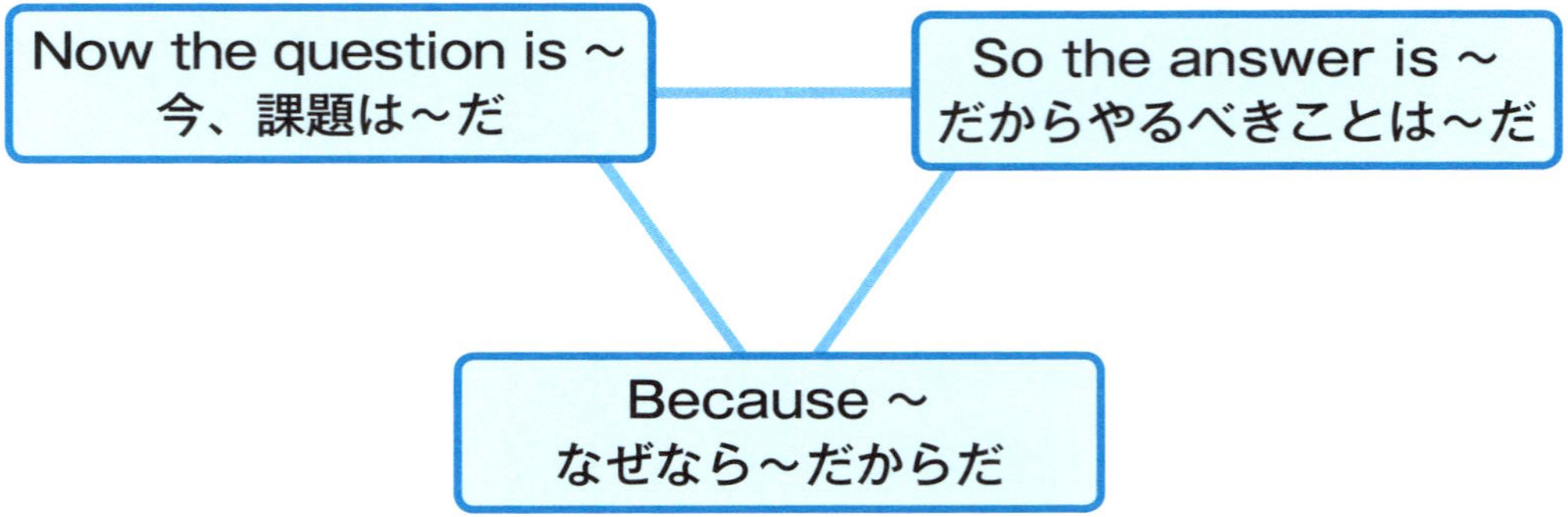
Now the question is ～
今、課題は～だ
So the answer is ～
だからやるべきことは～だ
Because ～
なぜなら～だからだ

〈リボンフレーム〉

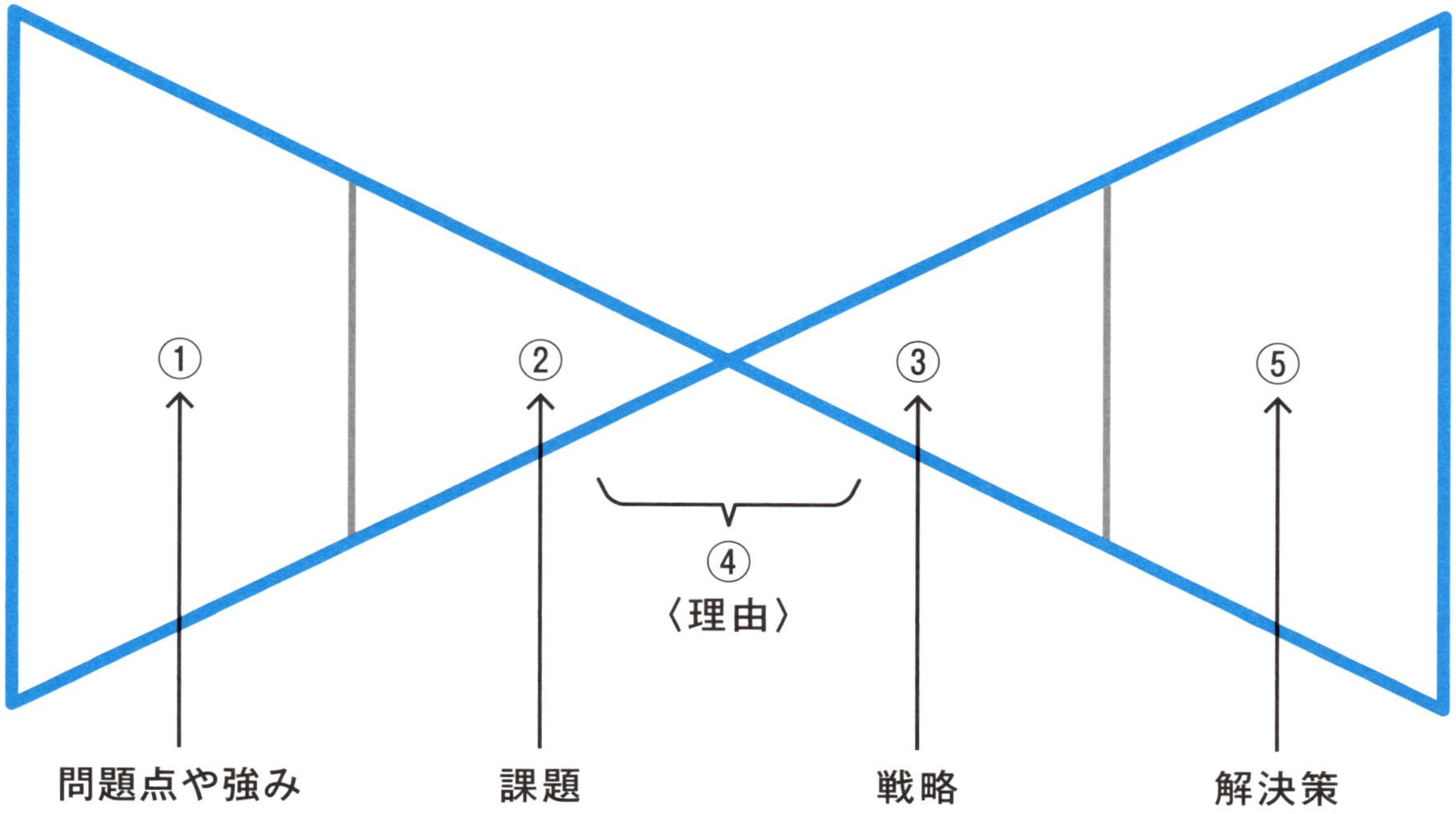

相手に刺さるプレゼン チェックポイント表

〈3つの作業ステップとチェックポイント〉

ステップ1

自分の頭で考える

❶オリエン書を見る
❷頭に浮かんだことを掃き出す
↓
紙メモに書く

✓チェックポイント

- 相手は何を解決して欲しいのか？
- 自分はどう思ったのか？
- なぜそう思ったのか？

紙メモ

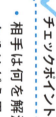

ステップ2

世の中と擦り合わせる

❸オリエン書を穴のあくほど見返す
❹現場を見る
❺当事者に聞く

↓

紙メモを充実させ、ロジック整理チャートを書く

チェックポイント

- 世の中はどう見ているのか？
- 自分の考えのどれが通用するのか？
- 欠けていた大切なことは何か？

ロジック整理チャート

ステップ3

自分の言いたい事を決める

❻問題点と強み、解決策を書き込む
❼ロジック3点セットの書き込み
（課題、戦略、理由）

↓

リボンフレームに落とし込む

チェックポイント

- 課題の絞り込み
（The question is ～）
- 戦略（The answer is ～）
- それはなぜか（Because ～）？
- 全体の整合性は取れているか？

リボンフレーム

スライド＆スピーチ原稿 チェックポイント表

スライドとスピード原稿づくり

自分の言葉にする

❽スライドの骨格を作る（5～6枚）
❾スピーチ原稿を一気に書き上げる

↓

スライドと原稿を合わせる

★地下鉄演習をして仕上げ！

←

チェックポイント

- 各ページと原稿との関係が適切か？
- スムーズかつ熱意を持って話せるか？

参考文献

●博報堂「おざわせんせい」編集委員会『おざわせんせい』集英社インターナショナル、2014年
●佐々木圭一『伝え方が9割』ダイヤモンド社、2013年

［著者］

須藤 亮（すどう・りょう）

マーケティングプランナー／株式会社TOM 代表取締役社長

1980年早稲田大学法学部を卒業、同年博報堂に入社。以来、マーケティング職、ストラテジックプラニング職として35年間現場で、トヨタ自動車、花王、KFC、JT、味の素、全日空、マクドナルド、アステラス製薬など様々な業種の企業を担当。途中、日本リーバ（現ユニリーバ・ジャパン）にアイスクリームのブランドマネージャーとして2年間出向。2001年からタイのバンコクを皮切りに海外赴任生活に入る。博報堂アジア・ブランディング＆ソリューション事務所を立ち上げ、その後、香港、広州、北京と渡り歩き、博報堂での後半15年は、日本一のトヨタ自動車をクライアントとし、電通との一騎打ちに奔走。2013年に帰国。2015年に退社し、株式会社TOM（トップ・オブ・マインド）を設立。

URL : http://topofmind.co.jp

現在、共同ピーアール株式会社顧問。様々な企業のコンサルティング、地方創生業務などに従事している。

著者エージェント：アップルシード・エージェンシー

http://www.appleseed.co.jp

博報堂で学んだ負けないプレゼン

――3ステップで「刺さる」プレゼンができる！

2018年7月18日　第1刷発行

著　者――須藤 亮

発行所――ダイヤモンド社

〒150-8409　東京都渋谷区神宮前6-12-17

http://www.diamond.co.jp/

電話／03･5778･7232（編集）　03･5778･7240（販売）

装丁――――デザインワークショップジン

本文デザイン―大谷昌稔

製作進行――ダイヤモンド・グラフィック社

印刷――――堀内印刷所（本文）・加藤文明社（カバー）

製本――――宮本製本所

編集担当――真田友美

ISBN 978-4-478-10485-9